汽车运用与维修专业技能型紧缺人才培养培训教材
中等职业学校汽车运用与维修专业新课程教学用书

Qiche Fadongji Dianqi Weixiu Gongzuoye

汽车发动机电器维修工作页

（第二版）

林文工　李　琦　主编

人民交通出版社

内 容 提 要

本书旨在培养汽车运用与维修专业学生胜任汽车售后服务企业发动机电器维修工作的技能。本书由6个学习任务组成，即蓄电池诊断与维护、发电机就车检查与更换、发电机解体维修、起动机就车检查与更换、起动机解体维修、传统点火系统元件检测与更换。

本书既可作为职业院校汽车运用与维修专业的教学用书，也可作为职业技能培训和其他从事相关工作人员的参考用书。

图书在版编目(CIP)数据

汽车发动机电器维修工作页 / 林文工，李琦主编．—2版．—北京：人民交通出版社，2013.8

ISBN 978-7-114-10768-9

Ⅰ.①汽… Ⅱ.①林…②李… Ⅲ.①汽车—发动机—电气设备—车辆修理 Ⅳ.①U472.43

中国版本图书馆CIP数据核字(2013)第154706号

书　　名：汽车发动机电器维修工作页（第二版）
著 作 者：林文工　李　琦
责任编辑：曹延鹏
出版发行：人民交通出版社股份有限公司
地　　址：（100011）北京市朝阳区安定门外外馆斜街3号
网　　址：http://www.ccpress.com.cn
销售电话：（010）59757973
总 经 销：人民交通出版社股份有限公司发行部
经　　销：各地新华书店
印　　刷：北京市密东印刷有限公司
开　　本：880×1230　1/16
印　　张：10.25
字　　数：310千
版　　次：2007年9月　第1版
2013年8月　第2版
印　　次：2018年11月　第4次印刷　总计第12次印刷
书　　号：ISBN 978-7-114-10768-9
定　　价：24.00元
（有印刷、装订质量问题的图书由本社负责调换）

中等职业学校汽车运用与维修专业
新课程教学用书

主　　编　刘建平　辜东莲

顾　　问　赵志群

编　委　会

序

看过人民交通出版社发给我的由刘建平和辜东莲两位老师主编的《中等职业学校汽车运用与维修专业新课程教学用书》系列教材样稿后，不禁感慨万千。汽车维修专业课程改革在我国已经开展多年了，如何打破传统的“基础课、专业基础课、专业课”的三段式模式，以及改变以“教师、教室、教材”为核心的三中心特征，一直以来备受关注。虽然有许多学校都在尝试着改革，也取得了许多可喜的成果，但真正意义上的突破还是不多。这套教材的出现真正让我有了一种“久旱逢甘雨”的感觉。记得2004年6月应广州市交通运输职业学校之邀，我参加了该校模块化教学改革研讨会，参观学校模块化教学实训中心，并与老师们一起讨论模块化教材编写，那次接触让我看到了这所学校在汽车维修专业改革中“敢为人先”的闯劲。现在看到教材样稿果然不同凡响，再次让我感受到广州市交通运输职业学校在汽车维修专业改革上的不断创新精神。

汽车维修中职教育首先有着明确的培养目标，那就是培养当代汽车维修技术工人。怎样把学生培养成合格的人才是汽车维修中职教育的关键所在，而在教学过程中理论与实践结合应该采取何种形式又是问题的要点所在。汽车维修教学中理论与实践结合往往容易出现重视形式上的结合，忽视实质上结合的问题，例如：将汽车构造教材与汽车维修教材简单地合编成“理实”结合在一起的教材，还有将教室直接搬到实训中心内的形式上的“理实”结合等。真正的“理实”结合应该是根据培养对象和培养目标来确定的有着实际内涵的“理实”结合。这套教材以汽车维修实际工作任务为核心，将专业能力与关键能力培养、学习过程与工作过程融为一体以此展开相关联部分的系统结构、系统原理、维修工艺、检验工艺、工具量具使用、技术资料查阅以及安全生产等内容的“理实”一体化教学。这种方式首先以动手解决具体问题为目标，这样可以极大地调动学生的学习兴趣，学生在学习技能的同时，将必要的理论知识结合在实践过程中一起学习，让学生不仅掌握怎么做的要领，还教给学生为什么这样做的道理。在这种模式中，学生是为了更好地理解所要完成的学习任务才去学习相关理论知识的，这就调动了学生学习理论知识的主动性。学生在学习并完成了实用的汽车维修工作任务后，激发出来的职业成就感，必然会使学生重建因学会工作的内容而久违了的自信心，这正是我们职业教育最应该达到的教学效果。

我为这套教材所呈现的课程模式感到由衷的高兴，并对付出辛勤劳动撰写这套教材的每一位老师表示由衷的感谢。我真诚地希望这套教材能够为我国汽车维修专业改革送上一股不断创新的强劲东风，为创造出更加适合我国国情的汽车维修专业课程模式投石问路，为汽车维修职业教育的发展锦上添花。

朱　军

再版前言

“中等职业学校汽车运用与维修专业新课程教学用书”共包括本专业11门核心课程的教材。本套教材自2007年9月首次出版以来，获得社会各界的一致好评，并多次重印。2012年，本套教材申报教育部“中等职业教育改革创新示范教材”，有多种教材入选，这也证明了本套教材不论在教学理论、教学内容，还是教学组织形式上，都具有较强的改革创新特性，值得向全国广大的职业院校进行推广。

本套教材的第一版出版后，编写组在教学中不断总结经验和加强研究，同时认真听取全国各地职业院校对本套教材的宝贵意见，以求更深入地掌握在工学结合的模式下提高职业教育教学质量的方法。经过6年的教学实践，教材编写组决定对本套教材进行修订，使教材在结构和内容上与教学要求更加吻合，使行动导向教学法获得进一步体现。历经深入的企业调研、与技术专家共同研讨，综合全国各地职业院校和出版社的反馈意见后，第二版“中等职业学校汽车运用与维修专业新课程教学用书”得以与社会各界见面。

与第一版教材相比，第二版“中等职业学校汽车运用与维修专业新课程教学用书”作了如下改进：

1. 部分学习内容进行了更新。随着汽车工业的快速发展，汽车维修技术含量不断提高，教材编写组依据企业调研结果和毕业生对工作页修订的反馈意见，删减了第一版中已逐渐淘汰的汽车技术，新增了近几年新出现的工艺及技术内容。

2. 进一步凸显工学一体化特色。编撰第一版教材时，编者对工学结合课程理论的理解仍停留在表象，并未融会贯通，因此原教材中部分内容理论与实操界限明显，脱节现象较为严重。本次修订时对此加以改善，在内容设计上尽可能实现学生做中学，且教学过程中尽量采用归纳式的学习方法。

3. 更加注重遵循学生认知规律。修订版遵循“简单到复杂，外围到核心，形象到抽象”的认知规律，将部分起点过高的学习任务进行了系统化处理。在遵循工作过程主线的原则下，第二版教材各学习任务的学习内容设计由简至繁，更利于学生的学习和掌握。

4. 增强了评价反馈的可操作性。第二版教材的“评价反馈”内容与教学内容之间的联系更为紧密，新增并量化了针对学习任务完成情况的指标，并贯穿于整个学习任务实施过程中，增强了评价反馈环节的可操作性。

本书由6个学习任务组成，广州市交通运输中等专业学校林文工、李琦任主编并统稿，由陈万春、朱伟文、萧启杭担任参编。其中李琦编写了学习任务1，朱伟文编写了学习任务2、学习任务3，陈万春、李琦编写了学习任务4、学习任务5，萧启杭编写了学习任务6。广州龙的丰田汽车销售服务有限公司廖远东、广州迎宾丰田汽车销售服务有限公司黄达、广州丰田特约维修有限公司林灿雄、广州中升雷克萨斯汽车销售服务有限公司何展其、广州南菱别克汽车销售服务有限公司赖巧准、广州瑞华粤通汽车销售服务有限公司吴宝锋等企业专家对本书的编写给予了技术支持。

由于教材编写组的编写工作是在不断的实践和理论学习过程中进行的，还处于不断的学习与更新过程中，难免有不妥之处，恳请使用本书的广大师生不吝批评指正。

编　者

2013年8月

第一版前言

现代汽车机械技术与电子技术高度的一体化，汽车维修技术的不断更新，以及为适应市场要求汽车维修企业组织所进行的不断调整，都对汽车维修技术人员提出了更高的要求。先理论后实践的传统教学模式，已不能适应技术和社会发展的要求，而使学生在学习性的工作中发现问题，再从理论中寻找答案，即理论与实践一体化的学习，越来越受到学生们的欢迎，企业的认可，并得到职业院校的高度重视。

这套《中等职业学校汽车运用与维修专业新课程教学用书》是按照人的职业成长规律编写的，为职业院校设计理论实践一体化的学习情境，即引领学生完成一个职业的典型工作任务，经历完整的工作过程，促进学生综合职业能力的发展，从而使汽车维修的初学者迅速成长为技术能手。

一、新课程教学用书的实践基础

从2001年开始，广州市所属中等职业学校在构建工作过程系统化课程、实施理论实践一体化教学和优化课堂教学等方面进行改革试验。广州市交通运输职业学校通过校企合作组建“通用班”、“丰田班”等方式，在汽车运用与维修专业的课程与教学改革中取得了丰硕的成果，如在全国中等职业学校“丰田杯”汽车运用与维修技能大赛中该校学生蝉联两届团体项目冠军，在首届全国汽车教师说课比赛中该校两位教师获一等奖。

该校所试验的一体化教学模式，一方面适应了现代汽车维修行业发展对汽车维修技术人员素质能力的新要求，另一方面体现了广州职业教育主动适应区域经济发展、按照职业教育规律改革办学模式，探索建立工学结合的现代职业教育课程体系和实现现代职业教育学习方式的思路。这些成功的课程改革和创新，符合当前职业教育发展的需要，为本教材编写奠定了扎实的实践基础。

二、新课程教学用书的编写思想

近年来的大量调查研究表明，确定职业教育的课程目标首先要体现职业能力导向的要求，反映企业的典型工作实践；其次要体现学生职业生涯发展的要求，通过在校课程的学习，使学生具备综合职业能力；再次要建立起学习与工作的直接联系，提高学习的有效性。

期望本套用书的编写能够达到两个目标：一是借鉴国际当代职业教育发展的最新理论与方法技术，反映汽车维修技术领域的专业要求和发展水平；二是结合职业院校学生的特点，全面落实“以就业为导向、以全面素质为基础、以能力为本位”的职业教育办学指导思想，着力提高学生的综合职业能力。

编写本教材的指导思想是：

1. 综合职业能力的人才培养目标

综合职业能力是人们从事一个或若干个相近职业所必备的本领，是个体在职业工作、社会和私人情境中科学的思维、对个人和社会负责任行事的热情和能力，是科学的工作和学习方法的基础。新课程的人才培养目标是：在真实的工作情境中整体化地解决综合性专业问题的能力和技术思维方式。

2. 设计导向的职业教育思想

新课程强调把人视为价值的根源，本着对社会、经济和环境负责的态度，职业教育所培养的人不仅仅是作为“工具”的技术工人，更是在各个社会领域里有参与技术和工作设计的潜在能力者，综合发展的人；他们不但是具有技术适应能力的人，而且是具有参与促进社会向着积极方向发展和变革进程能力的人。

3. 学习领域的课程模式

不同于学科系统化的课程模式，本学习领域的课程模式是工作过程系统化的，其基本特征是根据具有重要职业功能的典型工作任务，确定理论与实践一体化的学习任务，按照工作过程组织学习过程，依据人的职业成长规律进行课程顺序排列，强调“学习的内容是工作，通过工作实现学习”，从而达到“学会工作”的目的。

4. 工作过程系统化的教学原则

新课程中，学生的学习要遵循工作过程系统化的教学原则，即在结构完整的工作过程中，学生经历从明确任务、制定计划、实施计划、检查控制到评价反馈的整个过程，获得工作过程知识(包括理论与实践知识)并掌握操作技能，学习掌握包括工作对象、工具、工作方法、劳动组织方式和工作要求等各种要素及其相互关系。

5. 行动导向的教学方法

新课程中，教师是学生学习过程的组织者和专业对话伙伴，应采用行动导向的教学方法并通过有一定实际价值的行动产品来引导教学组织过程。学生学习方式多以强调合作与交流的小组形式进行，具有尝试新活动方式的实践空间。学生通过主动和全面的学习，可以达到脑力劳动和体力劳动相统一的效果。

三、新课程教学用书的教学特色

通过让学生完成典型工作任务，新课程工作页强调学生的自主学习，突出学习的主动性和有效性，从而达到使学生学会工作的目的。在处理学生与教师的关系、学习目标、课程内容、学习过程和学业评价等方面，新课程工作页具有如下特点：

1. 学生有学习的空间

首先，学习之初所明确的具体学习目标和学习内容可使学生随时监控自己的学习效果，自我评价和他人评价的结合为实现个性化的学习创造了条件；其次，体系化的引导问题强化了学生的主体地位，给学生留下充分思考、实践与合作交流的时间和空间，使学生亲身经历观察、操作、交流和反思等活动；再次，工作页中并不全部直接给出学习内容，而是需要学生通过开放性的引导问题和拓展性学习内容去主动获取，旨在培养学生的自主学习能力，从而使学生能够进一步理解技术知识并提高解决问题的能力；最后，尽量营造接近现实的工作环境，从栏目设置、文字表达、插图到学习内容的安排，都鼓励学生去主动获得学习和工作的体验。

2. 教师角色的多元化

新课程在明确学习目标的情况下，通过引导问题来提供与完成学习任务联系十分紧密的知识，为教学组织与实施留下许多的创造空间。需要教师转换角色，从一名技术知识的传授者，转化为提高学生综合职业能力的促进者、学习任务的策划者、学习行动的组织动员者、学习资源的提供者、制定计划与实施计划的咨询者、学习过程的监督者以及学习绩效的评估和改善者，即教师的多元化角色。因此，建议在教学实施中，由教师团队共同负责同一部分的学习内容。

3. 学习目标的工作化

新课程的学习目标就是工作目标，既能体现职业教育的能力要求，又能具有鲜明的工作特征。这里的能力不仅仅强调“操作性”与“可测量性”，是具有专业内容的综合职业能力，包括专业能力和关键能力，既有显性的、可测量和可观察的工作标准要求，也含有隐性的、不可测量的能力和经验成分。与此同时，学习目标不但具有适度开放的空间，既不拘泥于当前学校或企业的状况，还能充分体现出职业生涯成长的综合要求。

4. 课程内容的综合化

课程内容的综合化体现在：一方面，每个学习任务的内容都具有综合性的特征，既有技能操作，也有知识学习，是工作要求、工作对象、工具、方法和劳动组织方式的有机整体，反映了工作与技术、社会和生活等的密切联系；另一方面，反映典型工作任务的学习任务也具有综合性的特征，要求每个学习任务的内容虽相互独立但又具有内在的联系。

5. 学习过程的行动化

行动化的学习过程首先体现在行动的过程性，让学生亲身经历实践学习和解决问题的全过程，在实践行动中学习，而非以往那种完成理论学习后再进行实践的学习过程；其次是行动的整体性，无论学习任务的大小和复杂程度如何，每个学习任务都要学生完成从明确任务、制定计划、实施计划、检查控制到评价反馈这一完整的工作过程；再次，有尝试新行动的实践空间，尽量创造条件让学生探索解决其未遇到过的实际问题，包括独立获取信息、处理信息，整体化思维和系统化思考。

6. 评价反馈的过程化

过程化首先体现在评价反馈是完整学习过程的一部分，是对工作过程和结果的整体性评价，是学习的延伸和拓展；其次在计划与实施环节中，工作的“质量控制与评价”贯穿于整个过程。过程化的学习评价可帮助学生获得初步的总结、反思及自我反馈的能力，为提高其综合职业能力提供必要的基础。

新课程教学用书由广州市中等职业教育地方教材建设委员会组织编写，广州市教育局教学研究室和广州市交通运输职业学校共同主持实施，并得到了人民交通出版社的具体指导。主编为广州市交通运输职业学校刘建平和广州市教育局教学研究室辜东莲，特邀北京师范大学技术与职业教育研究所所长赵志群为课程设计顾问。

本书由广州市交通运输职业学校林文工主编，张琳琳、蔡北勤参编。其中，张琳琳编写学习作务1 蓄电池诊断与维护，张琳琳和林文工共同编写学习任务2 发电机就车检查与更换，林文工编写学习任务3 发电机解体维修，学习任务5 起动机解体维修，蔡北勤和林文工共同编写学习任务4 起动机就车检查与更换，蔡北勤编写学习任务6 传统点火系统元件检测与更换，全书由林文工统稿，华南农业大学刘仲国教授审稿。

由于编者的水平有限，书中难免有不妥之处，欢迎使用本书的教师和学生批评指正。

编　者

2007 年 8 月

致 同 学

亲爱的同学，你好！

欢迎你就读汽车运用与维修专业！

在我国，汽车产品、技术日新月异，汽车快速普及，汽车行业迅速发展，汽车维修技术人员已成为技能型紧缺人才，作为未来的汽车维修技术能手，你将如何迎接这一挑战？在此，希望我们的新课程工作页能够为你的职业成长提供帮助，为你职业生涯打下坚实的基础。

与你过去使用的教材相比，你手里的工作页是一套全新的教学材料，它能帮助你了解未来的工作，学习如何完成汽车维修中重要的典型工作任务，按照职业成长规律，促进你的综合职业能力发展，使你快速成为令人羡慕的汽车维修技术能手！

为了让你的学习更有效，希望你能够做到以下几点：

一、主动学习

要知道，你是学习的主体。工作能力主要是靠你自己亲自实践获得的，而不仅仅是依靠教师在课堂上讲授。教师只能为你的学习提供帮助。比如说，教师可以给你解释汽车发生的故障，向你讲授汽车维修的技术，教你使用汽车维修的工具，为你提供维修手册，对你进行学习方法的指导。但在学习中，这些都是外因，你的主动学习才是内因，外因只能通过内因起作用。职业成长需要主动学习，需要你自己积极的参与实践。只有在行动中主动和全面的学习，才能很好地获得职业能力，因此，你自己才是实现有效学习的关键所在。

二、用好工作页

首先，你要了解学习任务的每一个学习目标，利用这些目标指导自己的学习并评价自己的学习效果；其次，你要明确学习内容的结构，在引导问题的帮助下，尽量独立地去学习并完成包括填写工作页内容等的整个学习任务；再次，你可以在教师和同学的帮助下，通过查阅维修手册等资料，学习重要的工作过程知识；最后，你应当积极参与小组讨论，去尝试解决复杂和综合性的问题，进行工作质量的自检和小组互检，并注意规范操作和安全要求，在多种技术实践活动中你要形成自己的技术思维方式。

三、把握好学习过程、学习内容和学习资源

学习过程是由学习准备、计划与实施和评价反馈所组成的完整过程。你要养成理论与实践紧密结合的习惯，教师引导、同学交流、学习中的观察、动手操作和评价反思都是专业技术学习的重要环节。

本课程的学习内容以丰田5A发动机电器为主线，学习过程中还可以结合长安汽车发动机电器的内容。你要学会使用这两种维修手册以及依据维修手册进行规范操作。

学习资源可参阅高等教育出版社的《汽车电气设备与维修》(巫兴宏，2005)、高等教育出版社的《汽车维修教程 第二级 汽车电气设备维修》(丰田公司，2006)。要经常阅览汽车发动机电器的维修网页，学习最新的技术和实际维修的技术通报，拓展你的学习范围。

你在职业院校的核心任务是在学习中学会工作，学会工作是我对你的期待。同时，也希望把你的学习感受反馈给我们，以便我们能更好地为你服务。

预祝你学习取得成功，早日实现汽车维修技术能手之梦！

编　者

2013年8月

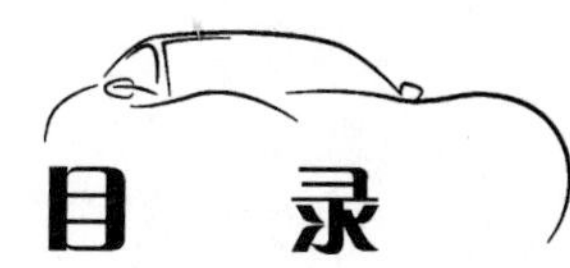

目　录

汽车发动机电器维修学习任务结构图

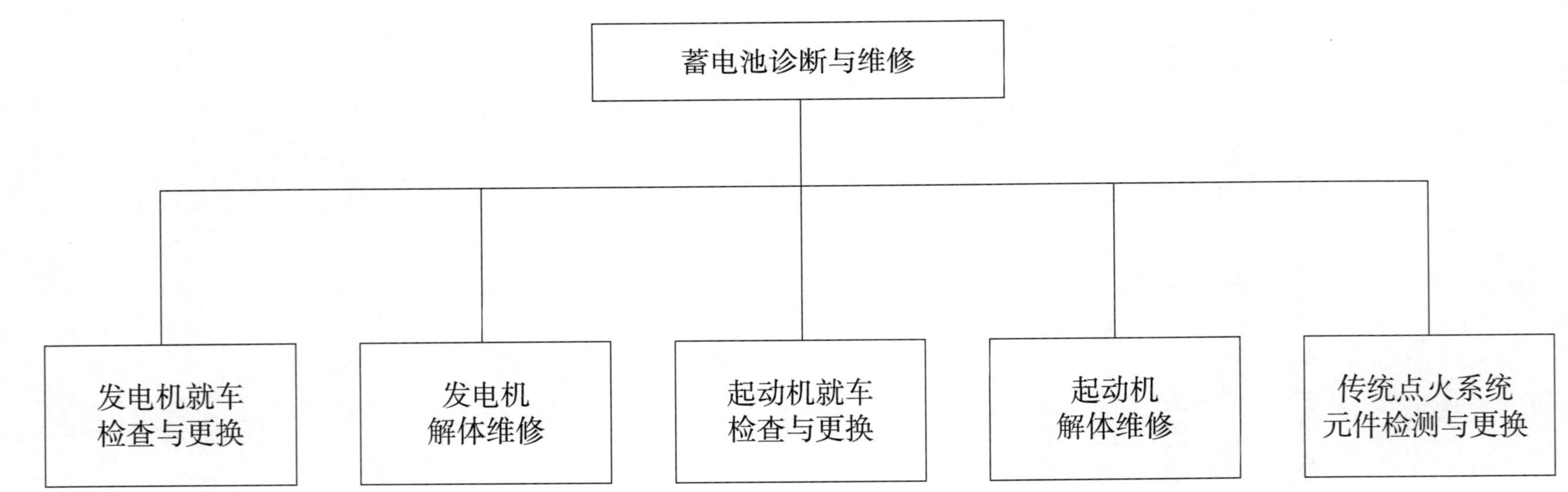

学习任务1　蓄电池诊断与维护

学习目标

完成本学习任务后，你应当能：

1. 根据维修车辆中蓄电池自行放电的现象，分析与故障相关的因素；
2. 根据维修车辆充电系统的故障，确定蓄电池检测、充电和更换需要采取的措施；
3. 在教师指导和同学合作下，制订蓄电池诊断与维修计划，按规范要求合作完成蓄电池检测、充电与更换工作；
4. 为客户提供正确使用蓄电池的建议。

建议完成本学习任务为10学时

学习内容的结构

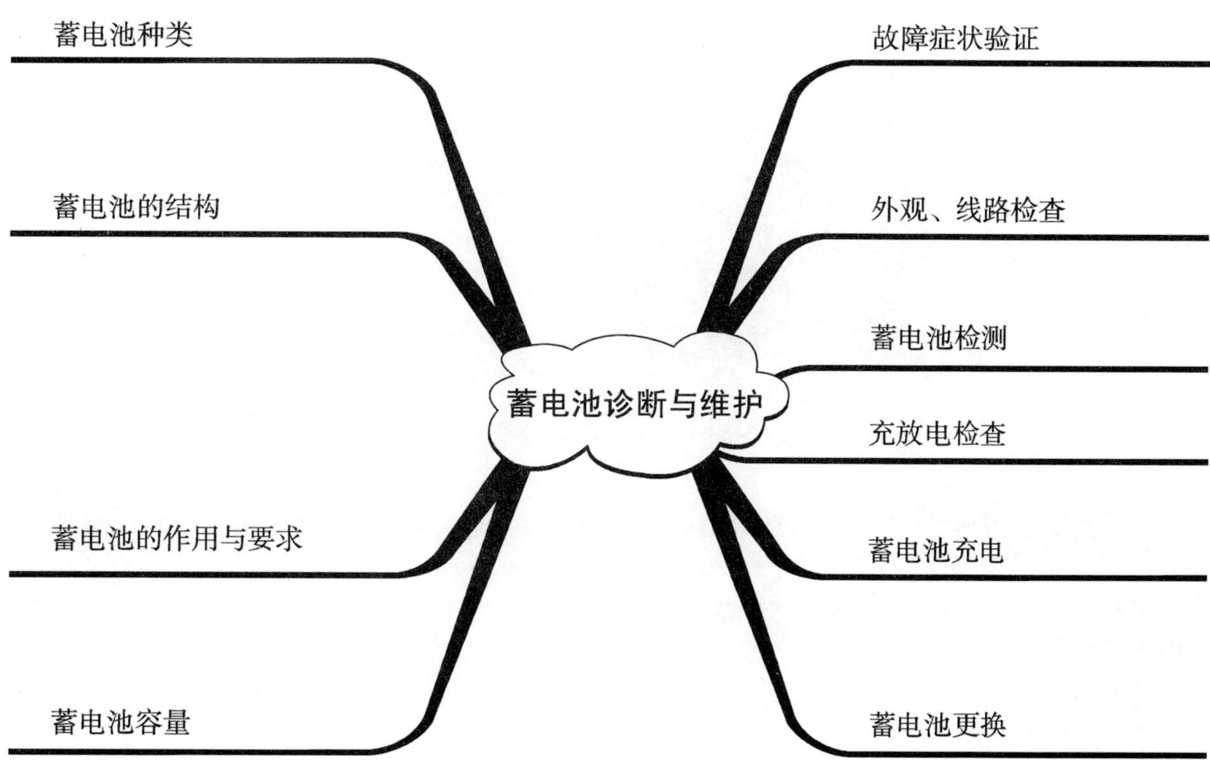

学习任务描述

请按专业水平对蓄电池进行检测和维护，针对检查的结果或现象，征得用户同意后进行蓄电池维护、更换或充电，解决蓄电池自行放电的问题。

案例分析

一位车主来到某维修站，反映车辆起动困难，并且前照灯灯光暗淡。技师对蓄电池进行检查，发现蓄电池开路电压低，电解液中有杂质，初步判定是蓄电池自行放电造成故障。在对蓄电池进行维修并充电后，故障消失。在交还车辆时维修技师为车主提供了如何正确使用蓄电池的建议。

通过本案例可以看出，蓄电池电解液不纯、外壳太脏或连接线路出现短路时，都会产生蓄电池自行放电的现象，导致车辆起动困难。

车用起动蓄电池是存储和供应电能的可逆直流电源，蓄电池可将化学能转化为电能，驱动电流可达几百安培。当充电系统正常工作时，会对蓄电池进行充电，将电能转变为化学能以备使用。对蓄电池进行检测和维护，在很大程度上取决于维修人员的修车理念是否准确，考虑问题是否完备，诊断故障是否明确，以及是否清楚在蓄电池检测和维护过程中需要解决的关键问题。

一、学习准备

***1. 电池是我们生活中常见的电器元件，请说说图 1-1 中电池的基本作用和特征。**

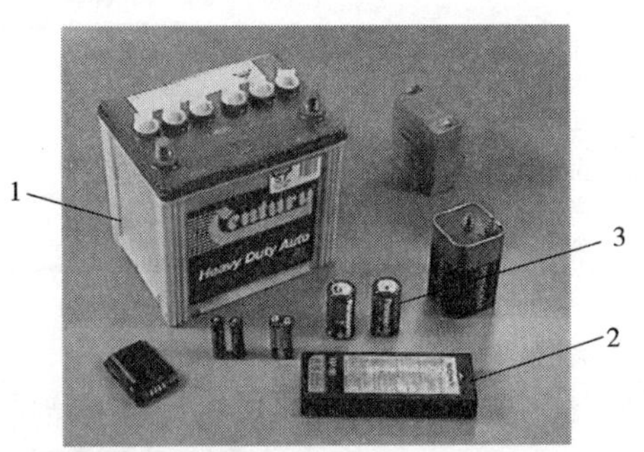

图中属于原电池的是：
□1
□2
□3
属于蓄电池的是：
□1
□2
□3

图 1-1 生活中常见的电池

***2. 汽车上常用的蓄电池主要有两类，即普通铅酸蓄电池(图 1-2、图 1-3)和免维护蓄电池(图 1-4、图 1-5)。**

对比两种蓄电池外观可以发现，两种蓄电池在结构上存在共性和差异。

1)普通型铅蓄电池的结构

普通型铅酸蓄电池(图 1-3)由________、外壳、________、________和电解液等部分组成。(请从下列选项中选择正确答案)

A. 铅锑合金　　B. 蓄电池元件　　C. 通气孔塞　　D. 正、负极桩

图 1-2　普通铅酸蓄电池外观

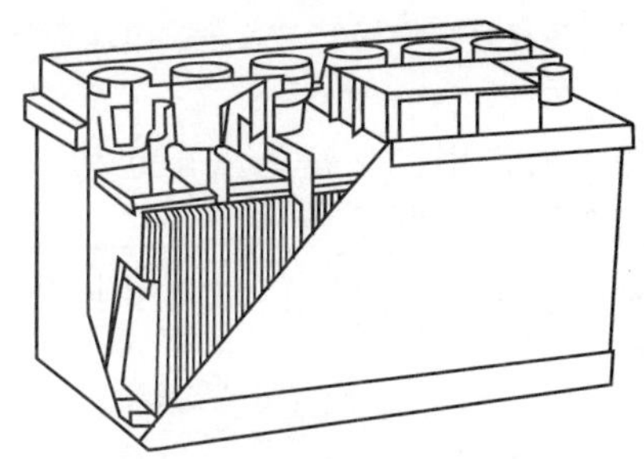
图 1-3　普通铅酸蓄电池内部构造图

图 1-4　免维护蓄电池外观

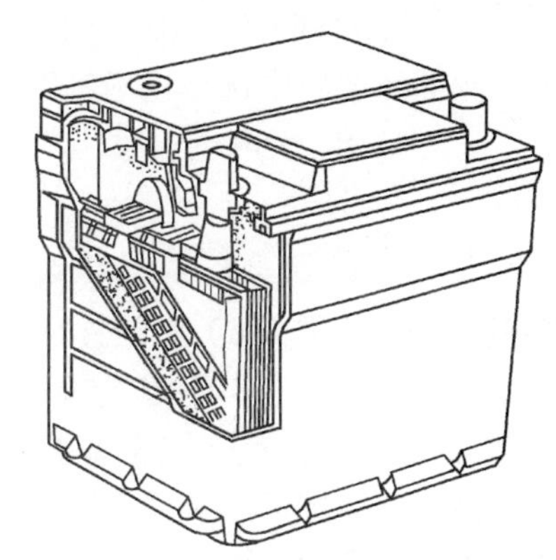
图 1-5　免维护蓄电池内部构造图

2)典型免维护型蓄电池的结构

与普通铅酸蓄电池相比，免维护蓄电池除了壳体和正负极桩之外，还有特殊的元件，比如＿＿＿＿＿＿、＿＿＿＿＿＿、＿＿＿＿＿＿。

A. 内装式密度计　　B. 通气孔塞　　C. 铅钙栅架

D. 正、负极桩　　E. 魔眼(观察孔)

小词典

蓄电池充放电化学反应过程，如表 1-1 所示。

蓄电池充放电原理　　表 1-1

放电状态	$PbO_2 + Pb + 2H_2SO_4 \rightarrow 2PbSO_4 + 2H_2O$	电解液硫酸浓度：□降低　□上升 电解液密度：□上升　□下降
充电状态	$2PbSO_4 + 2H_2O \rightarrow PbO_2 + Pb + 2H_2SO_4$	电解液硫酸浓度：□降低　□上升 电解液密度：□上升　□下降

查阅资料，对比免维护蓄电池和普通铅酸蓄电池有哪些优缺点，填入表 1-2 中。

普通铅酸蓄电池和免维护蓄电池对比　　表 1-2

类　型	优　点	缺　点
普通铅酸蓄电池		
免维护蓄电池		

***3. 汽车蓄电池有什么作用？对汽车蓄电池有什么要求？**

汽车蓄电池的主要作用：一是为汽车起动、照明和点火提供__________；二是在充电系统的输出能力不能满足用电设备需要的电流时__________供电；三是可吸收系统__________保护电子元件不被损坏；四是在发电机正常工作时向用电设备供电并对蓄电池进行__________。(请从下列选项中选择正确答案)

A. 补充　　B. 电源　　C. 长时间的高电压

D. 充电　　E. 瞬时过电压

汽车蓄电池应能在短时间(5 ~ 10s)内连续向起动机提供__________，并且内阻要尽可能__________。(请从下列选项中选择正确答案)

A. 大电压　　B. 大电流　　C. 大　　D. 小

小提示

汽车常用电气设备(图 1-6)主要由 1-电压调节器；2-__________；3-__________；4-起动机；5-__________；6-用电设备；7-发电机等构成。

现代汽车种类繁多，但其电气设备的共同特点主要是：________、________、________和________。(请从下列选项中选择正确答案)

A. 负极搭铁　　B. 两个电源　　C. 低压交流　　D. 低压直流　　E. 并联单线

F. 正极搭铁

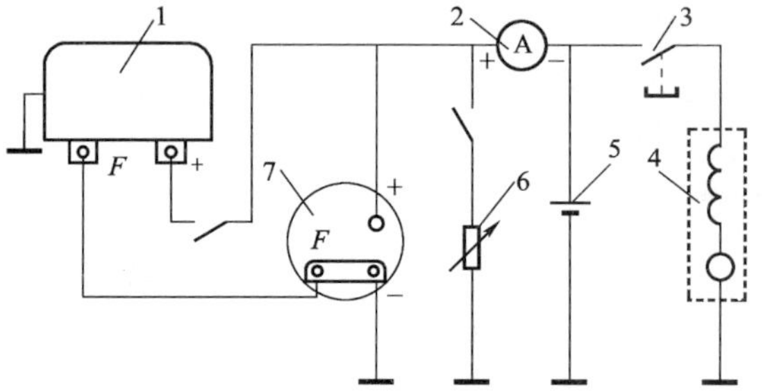

图 1-6　蓄电池与汽车电气设备并联电路

二、计划与实施

***4. 在日常车辆上，你可在哪个位置找到蓄电池？蓄电池是属于何种类型？**

根据故障的症状，将图 1-7 中各车型与其蓄电池安装位置和种类进行连线。

***5. 找到蓄电池后，仔细观察蓄电池外观信息，确定其类型，为后续检查做准备。**

(1)请在图 1-8 中将观察到的蓄电池正面外部壳面信息画好，如果是免维护蓄电池请在图中将所缺的部分补完。

a)奥迪A6L轿车

b)丰田卡罗拉轿车

c)长安之星小货车

发动机舱内	行李舱内	驾驶室内

普通铅酸蓄电池	免维护蓄电池

d)蓄电池在发动机舱中

e)蓄电池在行李舱中

f)蓄电池在驾驶员座位下

图 1-7 各车型的蓄电池安装位置和类型

①你认为在壳面信息中哪个是最重要的？

图 1-8 蓄电池外观特征

②借助参考资料，请根据壳面信息说出蓄电池的容量是多少？

③判断该蓄电池电解液是否充足的依据是什么？

(2)根据外壳面信息，判断蓄电池类型属于：

□普通铅酸蓄电池　　□免维护蓄电池

小词典

基于国标 GB 标准，型号为“6-QA-105”的蓄电池各参数含义解析如下：

6：表示蓄电池有 6 个单格，每格 2V，即是 12V 蓄电池；

Q：表示起动用蓄电池；

A：表示干荷电型蓄电池；

105：表示蓄电池容量为 105A · h。

基于德国 DIN 标准，型号为“CCA 660”的蓄电池各参数含义解析如下：

CCA：表示低温起动电流 ；

660：表示低温起动电流值为 660A。

＊6. 为方便检查，当操作人员想将蓄电池从车上拆卸下来时，应按照怎样的步骤操作呢？在“□”中为操作排序，并说明你这样做的理由。

□先拆下蓄电池负极电缆 1，再拆卸蓄电池正极电缆 2(图 1-9)。

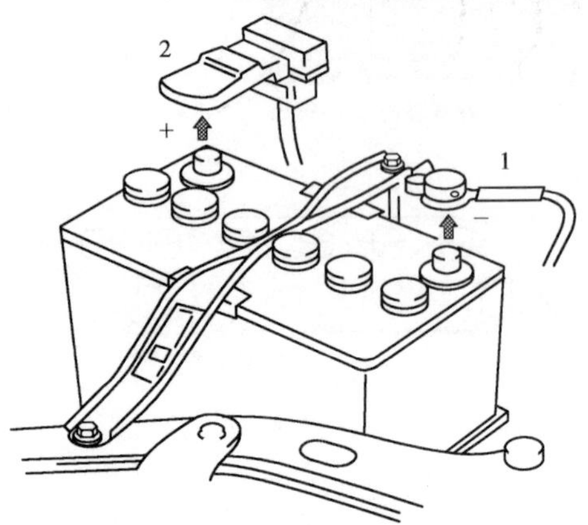

图 1-9　蓄电池电缆拆卸顺序

□关闭点火开关，检查车辆用电设备是否在工作。

□使用诊断仪器先读取(或打印)ECU 的故障码、设定参数和密码等信息。

□拆卸蓄电池压板或外观保护罩。

想一想，如果先拆卸正极电缆，可能导致什么安全隐患呢?

表 1-3 中的工具是在拆卸螺栓或螺母时常用的工具，你知道它们叫什么名字吗? 讨论每种工具适用的位置和正确用途，并选择使用合适的工具拆卸蓄电池压板固定螺母，如图 1-10 所示。

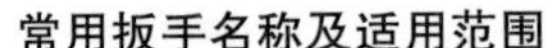

常用扳手名称及适用范围　　表 1-3

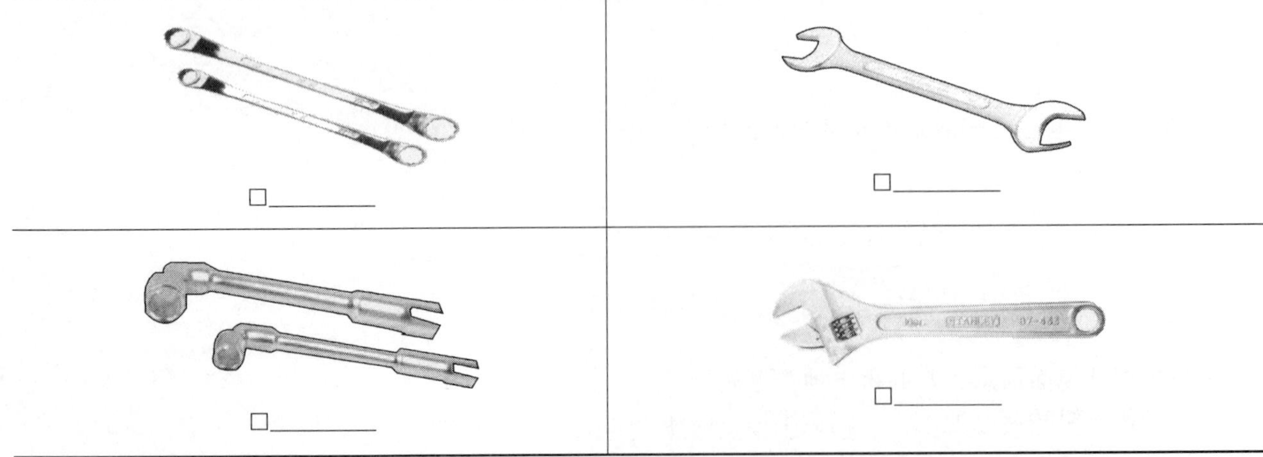

□________	□________
□________	□________

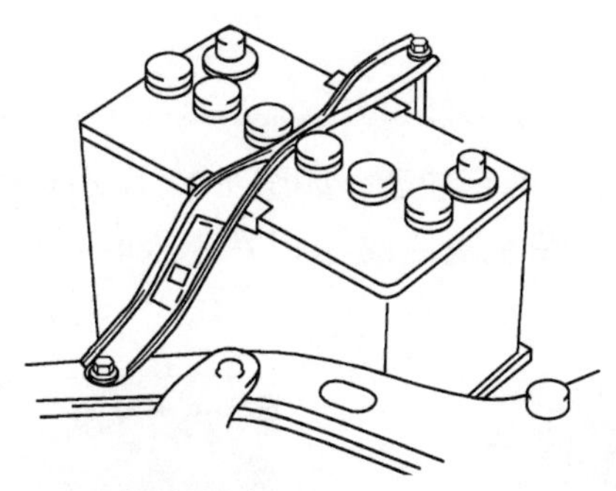

图 1-10　选择合适的工具拆卸蓄电池压板固定螺栓

1）取出蓄电池

在取出蓄电池时，尽量不要倾斜蓄电池壳体，如图 1-11 所示，以免电解液流出造成腐蚀。

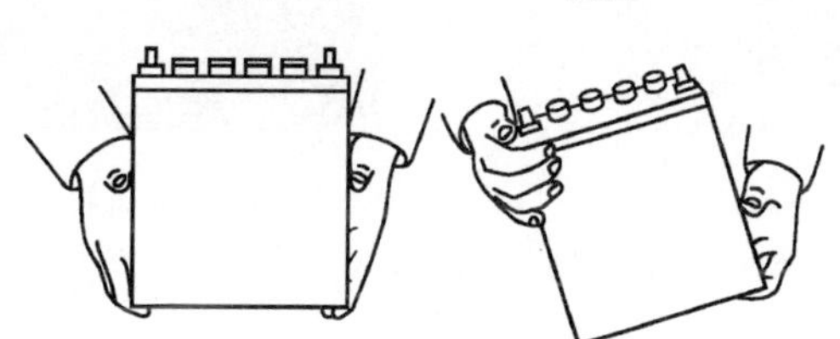

图 1-11　取出蓄电池的方法

2）检查电缆和端头

按表 1-4 要求检查电缆和端头，并记录检查结果和处理措施。

电缆和端头检查表　　表 1-4

检查项目	检查结果		
	不正常	正常	处理措施
电缆破损			
端头锈蚀			

3）检查并清洁蓄电池外壳

按表 1-5 要求检查蓄电池外壳，并记录检查结果和处理措施。

检查蓄电池外壳　　表 1-5

检查项目	检查结果		
	正常	不正常	处理措施
蓄电池封盖			
蓄电池壳体			

清洁时我们可以选择那些工具？你还选择了哪些工具可填在表 1-6 里。

清洁工具一览表　　表 1-6

□清水	□软毛刷	□干抹布	________
□细砂纸	□碳酸氢钠	□凡士林	________

小提示

在清洁蓄电池表面时要观察是否有油渍，如图 1-12 所示；有些是正负极柱润滑脂融化造成的，如果是电解液泄漏则常伴有金属件腐蚀和壳体表面有白色小晶体的现象，如图 1-13 所示。

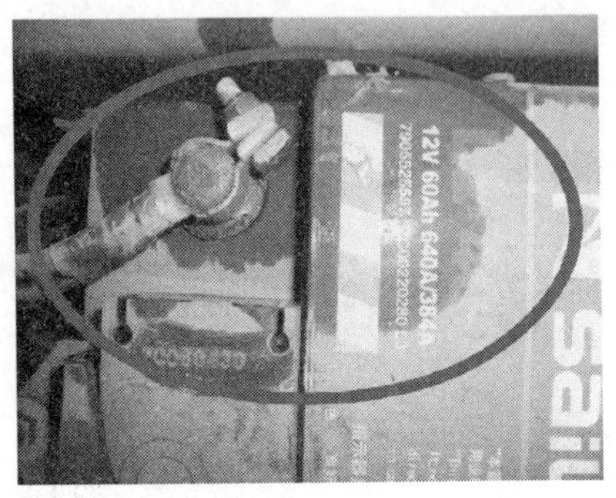

图 1-12　润滑脂融化造成油污

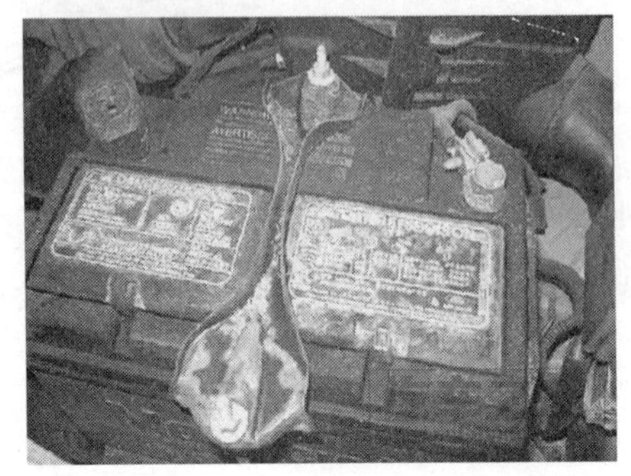

图 1-13　电解液泄漏造成的腐蚀

4)检查正负极柱、通气孔塞和电解液纯度

按表 1-7 要求检查正负极柱、通气孔塞和电解液纯度，并记录检查结果和处理措施。

检查正负极柱和电解液纯度　　表 1-7

检查项目	检查结果		
	正　常	不　正　常	处理措施
正负极柱			
通气孔塞			
电解液纯度			

5)检查电解液液面高度

普通铅酸蓄电池的电解液液面高度通过壳体上的刻度线判别，如图 1-14 所示；而免维护蓄电池的电解液液面则根据壳体顶端的观察孔颜色来进行判断，如图 1-15 所示。

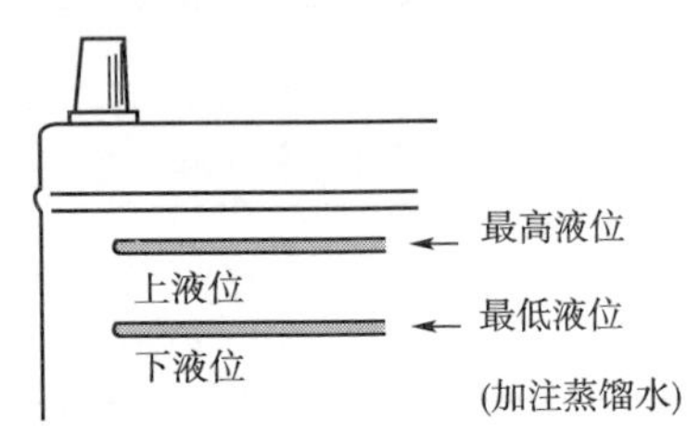

图 1-14　普通铅酸蓄电池刻度线

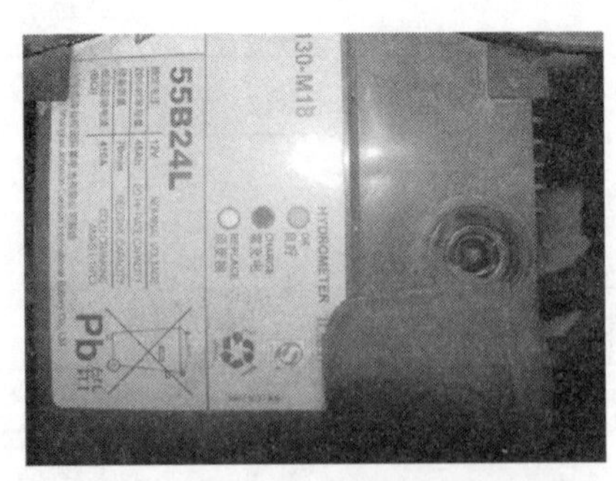

图 1-15　免维护蓄电池观察孔

密封式的免维护蓄电池，在盖上置有温度补偿功能的专用密度计，可指示蓄电池存电状态和电解液液位高度，如图 1-16 所示。

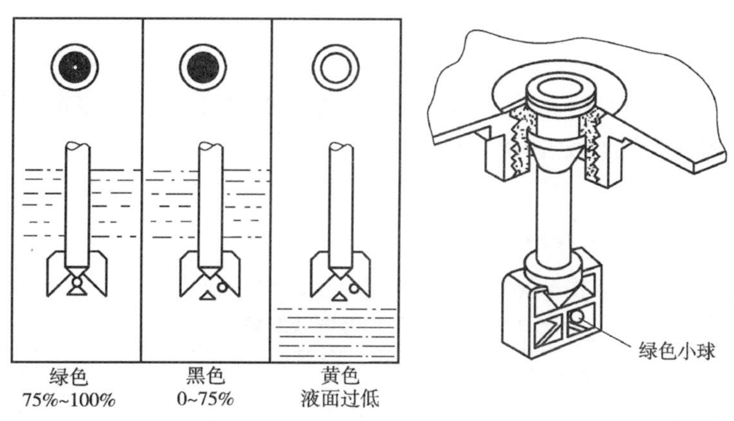

图 1-16 免维护蓄电池内置密度计

∗7. 为检查蓄电池性能，我们需要依靠检测设备，请同学们查询相关维修资料，找到仪器的使用方法。

1）检测普通铅酸蓄电池的电解液密度

在检测电解液密度时经常用到的检测工具是密度检测计，如图 1-17 所示。密度检测计除了检测蓄电池电解液密度之外，还可用于检测冷却液密度和风窗玻璃洗涤液密度，如图 1-18 所示。

按表 1-8 要求填写有关内容，利用密度计检测蓄电池电解液的密度。

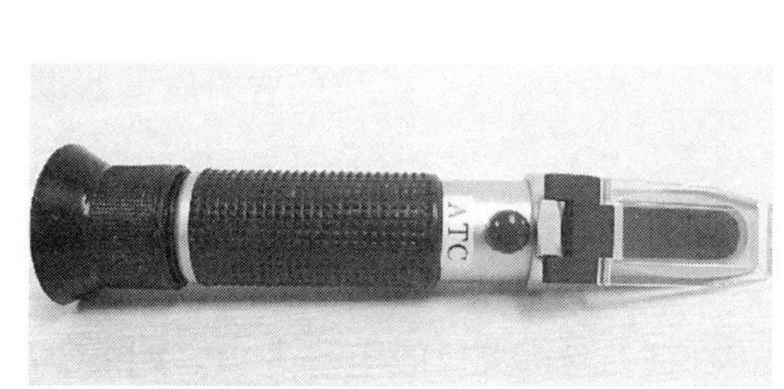

图 1-17 密度检测计

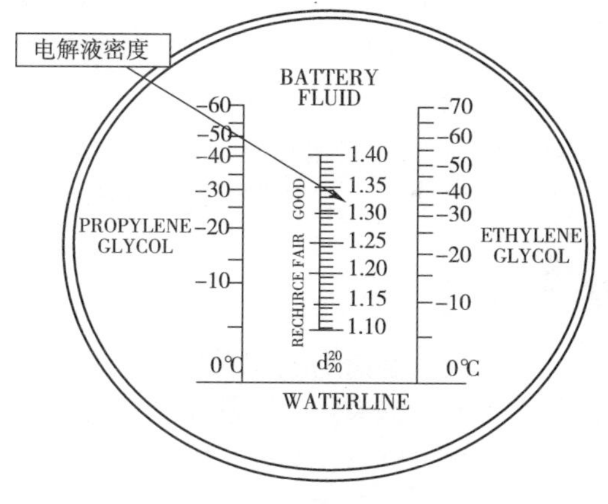

图 1-18 检测计读数

电解液密度检测表

表 1-8

名　称	电解液密度			
	标准值	测量值	修正值	说明（存电状态）
蓄电池				

小提示

电解液是由稀硫酸溶液制成，带有一定的腐蚀性，在操作时尽量带护目镜，若电解液滴在皮肤上，应用碳酸氢钠（小苏打）溶液来中和；若电解液溅到眼睛中，应立即用清水冲洗 10～15min，再到医院就诊。

小提示

电解液的密度是以20℃为标准，测量值应进行温度修正。当温度每升高(降低)1℃时，电解液的密度读数值应加上(减去)0. 0007g/cm^3。

2)检测蓄电池开路电压和漏电状况

按表1-9要求填写有关内容，检测蓄电池开路电压和漏电状况。

蓄电池开路电压和漏电状况检测表　　表1-9

测量项目	测量结果		说明(存电状态)
	标准值	测量值	
开路电压			
漏电状况			

分析：

用万用表直流20V电压挡测试，黑表笔接触蓄电池________极，红表笔轻触蓄电池顶部和侧面各部位，只要电压表有任何读数，不论读数大小，都表明蓄电池有________现象。

3)检测泄漏电流

如图1-19所示，将钳形电流表的感应夹夹在蓄电池________极电缆上，关掉所有附属电器设备开关，并关闭所有车门，测量蓄电池的泄漏电流值(正常时的读数值<0. 25A)。

小词典

寄生泄流是指附属电器用电导致蓄电池持续有小电流(几十毫安)放电的现象。如ECU的备用电流、故障自诊断系统或收音机储存信息所用的电流、时钟运转所需电流。

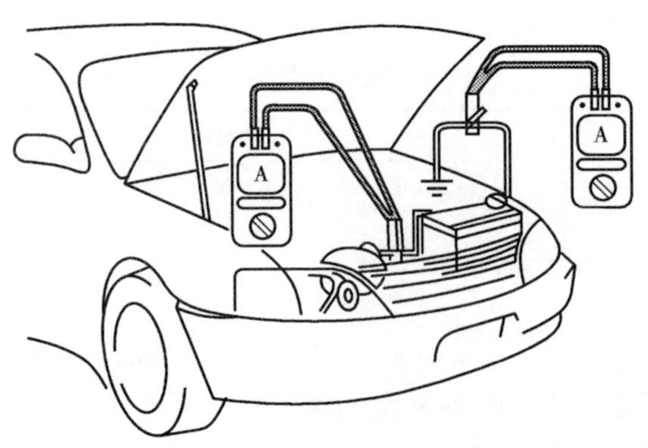

图1-19　泄漏电流测试方法

请在表1-10中记录蓄电池泄漏电流的测量结果和分析结论。

蓄电池泄漏电流检测表

表1-10

测量项目	测量结果		分析结论
	标准值	测量值	
泄漏情况			

4）检测蓄电池容量

蓄电池检测仪如图1-20所示。这种测试方法的优点是不放电、不发热，测量时蓄电池无需充满电（充电完毕后至少5min方可测量），并可连续、重复、多次测量，测试完毕无需充电，测试结果可直接打印，如图1-21所示。

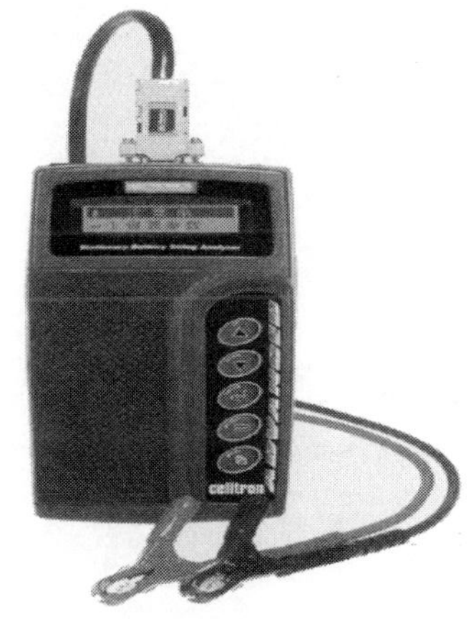

图1-20 蓄电池检测仪

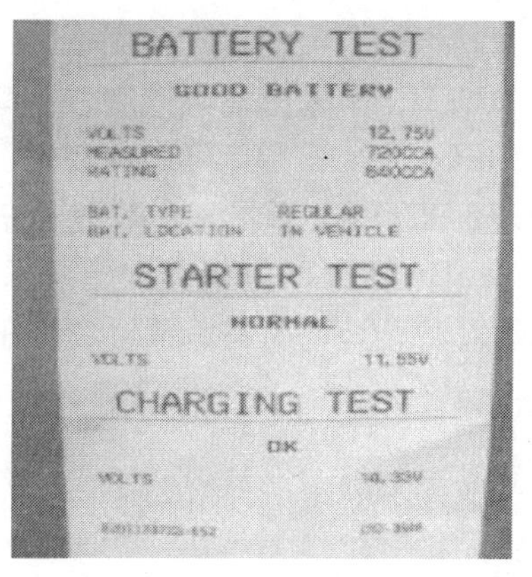

图1-21 检测结果

小提示

检测蓄电池开路电压时，蓄电池的温度应在15.5～37.7℃之间。如果是刚充完电的蓄电池，则应先去除表面电荷再测量开路电压。

小词典

电导测试是指通过测量蓄电池极板表面的情况，判定其化学反应能力，从而确定蓄电池是否短路、老化或断路等。

在测量电容时，要输入蓄电池的CCA值。冷起动容量一般在300～600CCA之间，有的可达1100CCA。

请将测试结果填写在表1-11中，并对照表1-12中的数据对蓄电池的性能进行判断分析。

电容测试

表1-11

名称	检测结果	分析结论
电容测定		

热门合资紧凑型车蓄电池参数一览表　　表 1-12

品　牌	车　型	品　牌	型　号	类型	容量	低温起动电流
别克	英朗	风帆	13500476	免维护	60A·h	525A(SAE)/438A(EN)
	凯越	ACDelco	9063871	免维护	55A·h	610A
一汽大众	速腾	风帆	5KD 915105G	免维护	72A·h	640A(EN/SAE/GS)
	高尔夫	风帆	5KD 915 105D	免维护	60A·h	480A(EN/SAE/GS)
	宝来	风帆	5KD 915 105D	免维护	60A·h	480A(EN/SAE/GS)
北京现代	悦动	风帆	6-QW-60YD	免维护	60A·h	550A

小词典

GOOD BATTERY 是指蓄电池良好，可继续使用。
GOOD RECHARGE 是指蓄电池良好，但需要充电。
CHARGE&RETEST 是指蓄电池需要充电后再测试。
REPLACE BATTERY 是指需要更换蓄电池。
BAD CELL REPLACE 是指蓄电池存在单格损坏现象，需更换蓄电池。

使用仪器检测蓄电池的结论是：

***8. 检查蓄电池后，当仪器提示蓄电池端电压过低或电解液密度过低时，你应如何对蓄电池进行充电？**

1)充电前的准备

对于普通铅酸蓄电池，当电解液不足时，我们可以添加适量电解液，如图 1-22 所示。

图 1-22　蓄电池电解液

如果身边没有专门的添加剂，我们还可以选择以下哪种液体代替电解液。请说明选择的理由。

□浓硫酸溶液　　□自来水　　□蒸馏水　　□矿泉水

2)蓄电池充电的过程

蓄电池充电器有通用充电器和专用充电器两类，专用充电器针对专门品牌或车型，无需调试设定参数，但价格高而且应用范围窄，如图 1-23 所示；而通用型充电器适应范围广，但在使用前要根据充

电方法和蓄电池数量进行参数设定，如图 1-24 所示。

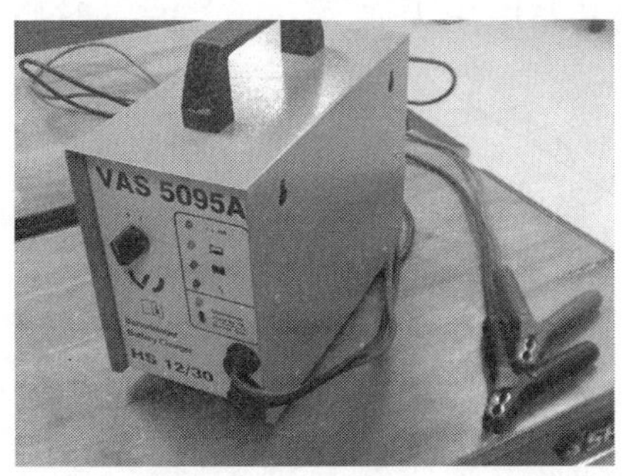

图 1-23　奥迪专用蓄电池充电器

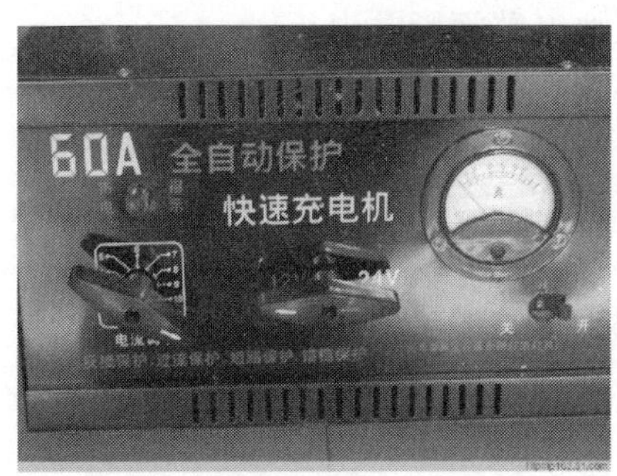

图 1-24　蓄电池通用充电器

小词典

蓄电池充电方法有以下三种：

1. 定流充电

在充电过程中，保持选择的充电电流不变。可用于初充电、常规补充充电以及去硫充电。该方法可使蓄电池极板内较多的活性物质参加化学反应，有利于延长蓄电池使用寿命。但在充电时要经常调节充电电压，且充电时间较长。建议对行驶车辆每两个月进行 1 次定流充电。

2. 定压充电

在充电过程中，保持选择的充电电压不变。可用于常规补充充电和快速充电。该方法充电速度快，而且充电过程中不用调整电压，充电结束后会自动停止。但在充电前要考虑好充电电压，电压过高会损伤蓄电池，电压过低会充电不足，而且长期使用会降低蓄电池的使用寿命，建议与定流充电结合使用。

3. 阶段充电

常用的方法是二阶段充电法。首先以恒电流充电至预定的电压值，然后用恒电压完成剩余充电。

请为以下充电步骤进行排序。

□首先将蓄电池外壳和极桩清理干净，若有必要，用砂纸轻轻打磨极桩；

□拆下所有的通气孔塞(非密封式蓄电池)；

□断开所有开关将充电器与蓄电池连接；

□确定充电电压、电流和时间；

□接通电源对蓄电池充电。

小提示

蓄电池充电过程中会排出易于爆炸的氢气，所以不能有任何火种接近蓄电池；

切勿在蓄电池充电过程中，从极桩上取下充电夹子；

出现短路时，蓄电池的温度将急速上升，此时应停止充电；

蓄电池充电过程中，如果电解液温度超过 45℃，应停止充电。

3)充电结束后断开电源和连接线

检测蓄电池电解液密度为________g/cm³；蓄电池开路电压为________V。通过对检测结果进行分析，你得到什么结论？

＊9. 如果蓄电池仍达不到规定的电压值，应如何处理废弃的蓄电池？

蓄电池外壳和电解液不能作为普通垃圾处理，否则会造成环境污染，在表1-13中记录污染因素和处理措施。

蓄电池对环境污染的因素及处理措施 表1-13

检查项目	污染因素	处理措施
外壳废弃物		
电解液废弃物		

使用指定品牌的专业检测计对蓄电池进行检测的好处是，当车主的蓄电池确实存在质量问题，而又在质保期内时，车主可以根据检测计打印单据索赔。

＊10. 蓄电池充电完毕或更换后，请参照蓄电池拆卸步骤和维修资料，讨论蓄电池的安装步骤，制订计划并实施？

1)检查蓄电池

检查待用蓄电池□是/□否符合本型汽车使用。

2)将蓄电池安装到车辆上

按图1-25所示的方法安装蓄电池压板。

如图1-26所示，不要将压板螺栓与螺母拧得________，否则，会拧弯蓄电池压板，或损坏蓄电池________。

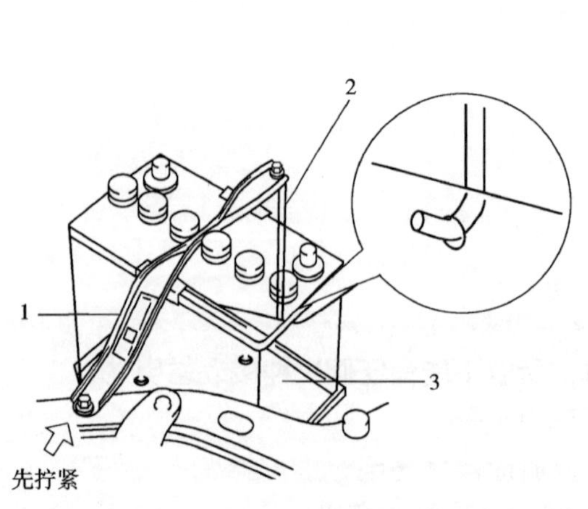

图1-25 压板螺栓安装方法

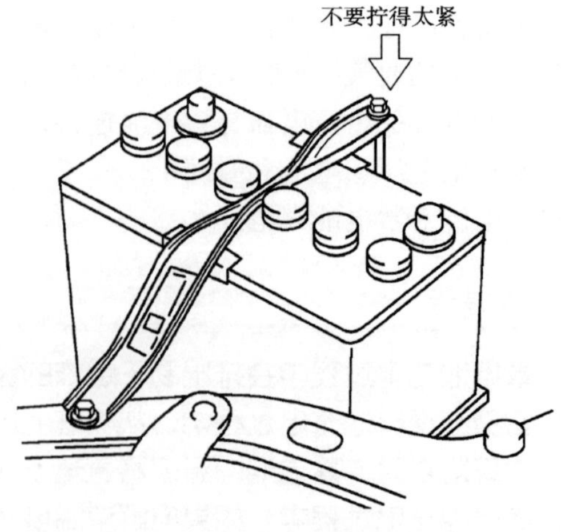

图1-26 螺母拧紧方法

3）连接蓄电池电缆

连接电缆夹时，应先在夹头涂上凡士林或润滑脂，避免极桩和夹头________，便于以后拆卸。

连接蓄电池电缆的顺序如图1-27所示，应先接________电缆，后接________电缆，并保证蓄电池的负极搭铁。

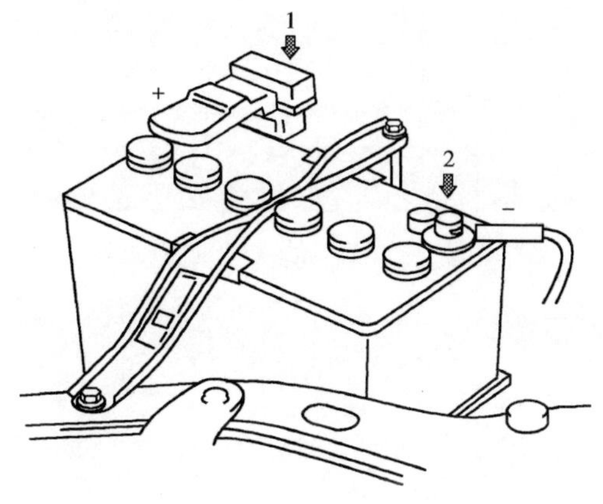

图1-27　蓄电池电缆连接顺序

4）测量蓄电池起动电压和充电电压

按照表1-14要求，测量蓄电池起动电压和充电电压。

测量蓄电池起动电压和充电电压　　表1-14

测量项目	测量结果		操作方法
	标准值	测量值	
起动电压			
充电电压			
分析结果：			

5）检查故障是否排除

核对故障现象，检查故障是否已排除。　　□是　　□否

学习拓展

混合动力汽车的蓄电池

在混合动力汽车上，蓄电池必须是具有强大能量的动力电源，其安装位置如图1-28、图1-29所示。蓄电池除了作为驱动动力能源外，还要向空调系统、动力转向系统等提供电力能源，向点火系统、照明、信号系统、刮水器和喷淋器、车载娱乐和通信设备等装备提供低压电源。

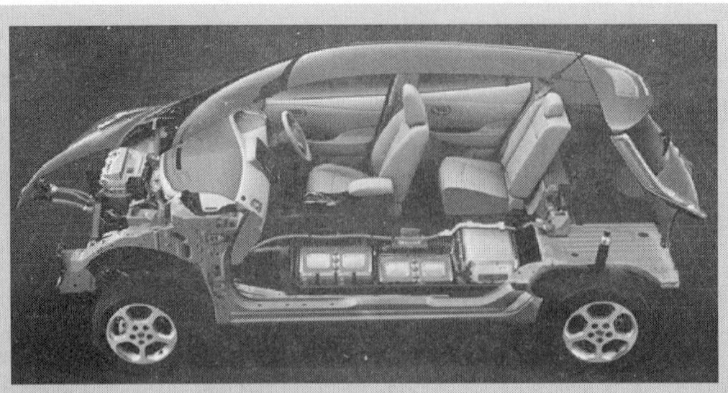

图 1-28　混合动力汽车剖面图

图 1-29　混合动力汽车蓄电池安装位置

混合动力汽车常用镍—氢(Ni-MH)电池，如图 1-30 所示，镍氢电池是一种碱性电池，镍氢电池的标称电压为 1.2V，比能量可达到 70～80W·h/kg，有利于延长混合动力汽车的行驶里程。比功率可达到 200W/kg，是铅酸蓄电池的 2 倍，能够提高车辆的起动性能和加速性能。

图 1-30　镍—氢电池剖面图

小提示

混合动力车辆主蓄电池在拆装时要特别注意高压电的保护工作，因为主蓄电池电压可高达 650V，必须经过专门培训后才可对主蓄电池进行操作。

三、评价反馈

1）维修案例分析

故障症状：一辆2002年出厂的爱丽舍装备了8V TU5JP/K发动机。夏季开空调行驶时感觉该车负担加重，车沉，发动机怠速时抖动明显，且油耗过高。

故障排除：首先用PROXIA检查电喷系统，读取故障为，“P-混合比适应(附加)，检测类型：超过下限，环境：转速800r/min，冷却液温度73℃。”参数测量(怠速时)：发动机转速800r/min，空气温度52℃，冷却液温度96℃；蓄电池电压：12.5～13.1V变化，节气门开度：11.3°；喷油时间3.0ms，进气压力499mbar(1mbar＝100Pa)；氧传感器0.1V不变。从上面读取的故障中检测类型“超过下限”分析应为混合气过浓，但从氧传感器0.1V不变，喷油时间和进气压力远高于正常等情况来看，进气系统似乎有漏气现象，造成混合气过稀，电喷电脑自适应加浓。仔细检查几个可能的漏气点：节气门体与进气歧管结合处、喷油器与进气歧管结合处、进气压力传感器与进气歧管连接真空管路都无漏气现象。此时，又重新读了一下怠速时的参数，发现蓄电池电压不正常，经常变化，且电压偏低。于是检查了正负极电缆上的电压，与蓄电池正负极电压没有大的偏差，均为13.1V，检测发电机的输出端电压也为13.1V，发动机转速上升到2000r/min时，充电电压上升到13.8V，发动机转速再上升，电压维持不变。可以肯定正负极电缆没有问题，充电电压正常未达到14V以上，需检查蓄电池和发电机。询问车主得知蓄电池使用时间已有4年，于是更换一个新蓄电池，发现充电电压为14.2V，PROXIA上蓄电池电压变为13.7V，喷油时间2.4ms，进气压力370mbar，发动机恢复正常。更换蓄电池，试车一星期，故障未再出现。

根据以上案例，回答以下问题：

(1)当蓄电池发生故障时，会对车辆使用产生什么影响？

(2)在检查蓄电池性能时，可以使用哪些工具进行检测？

(3)完成图1-31蓄电池常规检查流程图。

(4)作为维修人员，当我们排除蓄电池故障后，还需要做哪些检查和操作？

□复检蓄电池电缆连接是否紧固，线束是否有破损老化。

□核对电解液液面高度，液面不足或过高要进行调整。

□对于有蓄电池底座的车辆，检查蓄电池是否稳固安装在底座上。

□对蓄电池安装环境进行清洁。

□检查仪器和工具，清洁后归位。

2）提供蓄电池的使用建议

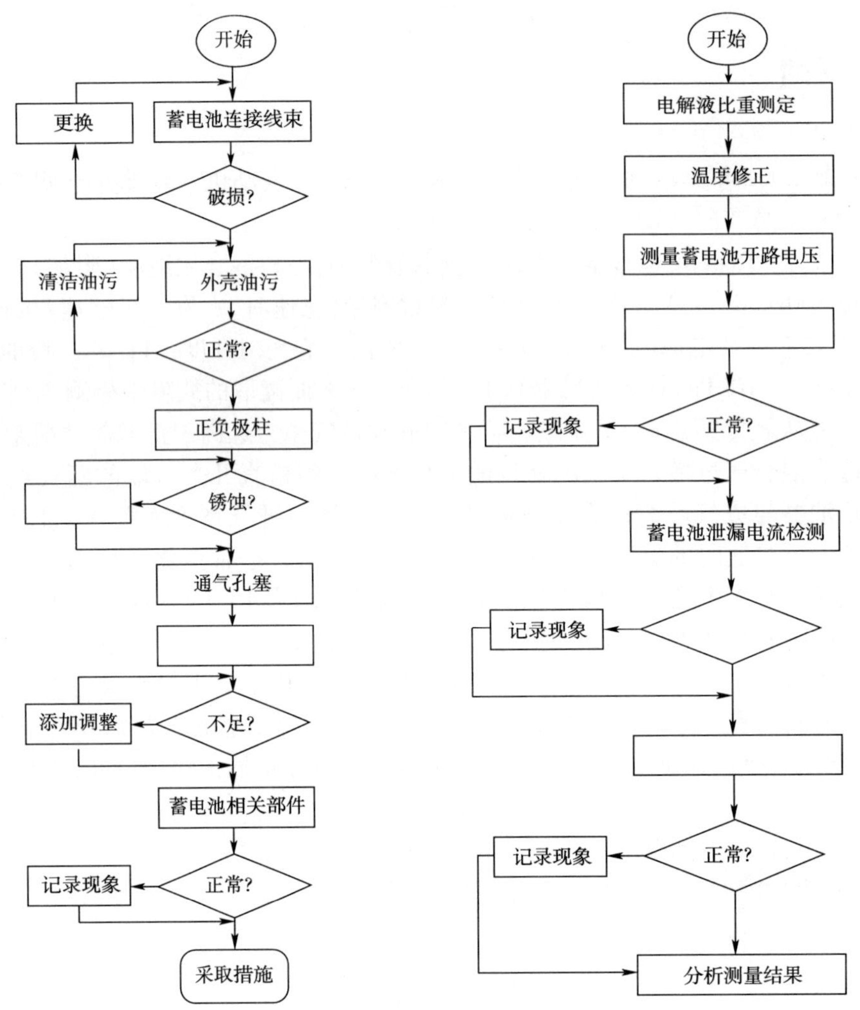

图 1-31　蓄电池检查流程图

为提升客户满意度，我们有必要向客户提供有关蓄电池的使用建议，你能回答客户的以下问题吗？

(1)蓄电池不使用时也会自行放电吗？长时间不用的汽车该如何应对这种情况呢？

(2)蓄电池的常规寿命是多少？何时需要更换蓄电池？

(3)以下哪些习惯会对蓄电池寿命造成影响？

□忘记关闭用电设备　　　　□熄火前忘关空调

□怠速时使用大功率音响　　□短时间内频繁起动车辆

□私自添加电解液

(4)熄火后，打开哪些用电设备会造成蓄电池亏电？

□前照灯　□音响和娱乐设施　□空调　□刮水器　□仪表

(5)免维护畜电池是否不需定期进行清洁维护？它和普通铅酸畜电池的区别是什么？

(6)市场上有哪些知名蓄电池品牌(请列举五个)？选购蓄电池时应关注哪些参数指标。

(7)充电时为什么要先接好电缆，再接通电源开关？停止充电时，如果没有先断开电源，就拆电缆，可能会发生什么事故？

(8)为何在起动发动机时每次起动时间不超过3～5s，再次起动间隔不少于15s，如果不这样做，对蓄电池有何影响？

3)蓄电池故障现象

蓄电池故障现象有很多，但究其原因主要有两类，见表1-15，请根据原因选择可能造成的故障现象。

蓄电池故障分析表　　表1-15

1)蓄电池过充电	2)蓄电池过放电
□蓄电池外壳色泽变暗	□正极板呈黄白色，且弯曲较严重
□电解液液面降低或呈红色	□电解液密度在1.15g/cm^{3}以下
□极板活性物质严重脱落	□蓄电池正负极板活性物质坚脆易碎
□电解液密度高于标准值	□用户反映蓄电池不存电

4)学习目标达成度的自我检查(表 1-16)

自我检查表

表 1-16

序号	学习目标	达成情况(在相应的选项后打"√")		
		能	不能	如果不能，是什么原因
1	叙述蓄电池基本特征及作用			
2	叙述蓄电池检测的主要过程和主要注意事项			
3	查阅维修手册，制订计划并能够完成蓄电池检测、保养及更换工作			
4	能为蓄电池日常使用提出合理建议			

5)日常表现性评价(由小组长或者组内成员评价)

(1)工作页填写情况。(　　)

A. 填写完整　　B. 缺失 0～20%

C. 缺失 20%～40%　　D. 缺失 40%以上

(2)工作着装是否规范?(　　)

A. 穿着校服(工作服)，佩戴胸卡　　B. 校服或胸卡缺失一项

C. 偶尔会既不穿校服又不戴胸卡　　D. 始终未穿校服、佩戴胸卡

(3)能否主动参与工作现场的清洁和整理工作?(　　)

A. 积极主动参与 5S 工作

B. 在组长的要求下能参与 5S 工作

C. 在组长的要求下能参与 5S 工作，但效果差

D. 不愿意参与 5S 工作

(4)起动发动机时，有无进行安全检查并警示其他同学?(　　)

A. 有安全检查和警示

B. 有安全检查无警示

C. 无安全检查，无警示

(5)是否达到全勤?(　　)

A. 全勤　　B. 缺勤 0～20%(有请假)

C. 缺勤 0～20%(旷课)　　D. 缺勤 20%以上

(6)总体印象评价:(　　)

A. 非常优秀　　B. 比较优秀　　C. 有待改进　　D. 急需改进

(7)其他建议:

小组长签名:＿＿＿＿＿＿　＿＿＿＿年＿＿＿＿月＿＿＿＿日

6)教师总体评价

(1)对该同学所在小组整体印象评价:(　　)

A. 组长负责，组内学习气氛好

B. 组长能组织组员按要求完成学习任务，个别组员不能达成学习目标

C. 组内有 30% 以上的学员不能达成学习目标

D. 组内大部分学员不能达成学习目标

(2)对该同学整体印象评价：

____

____

____。

教师签名：____________　______年______月______日

学习任务2　发电机就车检查与更换

学习目标

完成本学习任务后，你应当能：

1. 叙述车辆充电系统的组成及其各元件的作用；
2. 识读充电系统电路图，分析与故障相关的因素；
3. 根据系统故障现象，制订、实施、交流发电机就车检查计划，按规范要求就车更换交流发电机；
4. 解释充电系统常见故障的种类及原因。

建议完成本学习任务为12学时

学习内容的结构

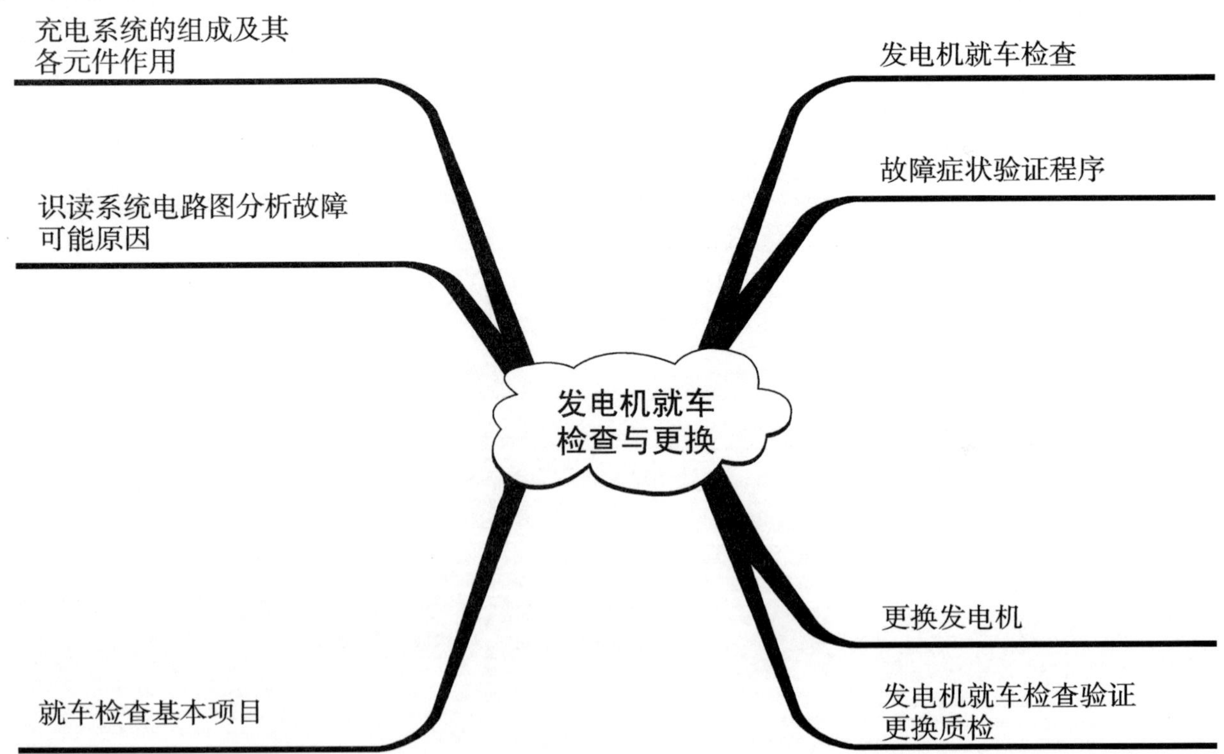

学习任务描述

按照专业水平对发电机进行就车检查，针对检查的结果或有关现象，更换发电机，解决充电系统不能充电的问题。

案例分析

一位客户将一辆丰田威驰牌轿车送到维修站，反映这辆汽车起动后，充电指示灯不能熄灭，并且有时起动困难。维修技师检查后确认是发电机内部故障，提出更换交流发电机的建议。在客户允许的情况下更换了发电机，汽车起动后，充电指示灯熄灭。再次对交流发电机进行就车检查，发电机的输出电压值在规定范围内，充电系统工作正常。

一、学习准备

***1. 发电机是汽车上的重要电源，也是充电系统的重要组成部分。充电系统的组成部件有哪些？其作用是什么？**

充电系统(图2-1)主要由发电机、蓄电池、充电指示灯、点火开关、连接导线、发动机和前照灯等设备元件组成。对照图2-1，查询参考资料，叙述充电系统各部件的名称和作用，完成表2-1。

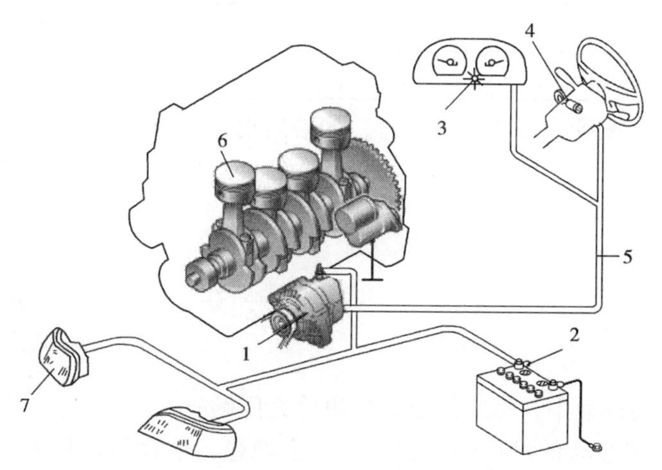

图2-1　充电系统的组成

充电系统部件组成和作用　　表2-1

序号	部件名称	作用
1	发电机	重要电源，它与电压调节器相互配合工作，向起动系统之外的所有用电设备供电，并向蓄电池充电
2		当发动机停止运行时，可以作为电源使用。当发动机正常运转时，蓄电池可储存电能
3	放电警告灯	
4		控制发动机的起动和熄火，又可控制发电机励磁线圈电路的通断

续上表

序号	部件名称	作　用
5		输送电能
6	发动机	发动机输出机械能，以供发电机将机械能转换成电能
7		消耗电能的负载设备

二、计划与实施

***2. 在进行就车检查充电系统前，要准备哪些检测设备和安全防护呢？**

(1)请查阅维修手册，将发电机就车检查与更换所需的设备、零备件、仪表、材料和工具情况填写在表2-2中。

所需的维修设备、工具一览表 表2-2

名　称	型　号	未准备	准备好	现　状	会使用	不会使用
车辆						
发电机						
数字万用表						
钳形电流表						
密度计						
测试灯						

在使用表2-2中的某一设备、仪器或工具时，如果出现异常现象，你应如何解决？

(2)在验证故障症状的过程中，你应注意和解决什么问题？

安全保护：在验证故障症状的过程中，有什么安全隐患，请你举例说明？可借助什么方法来保护自己？

(3)确认故障症状及其故障发生频率。

起动发动机，观察充电指示灯的状态，初步确认发电机不充电的故障症状，在检查过程中，请你询问顾客或仔细观察发电机故障现象，并将观察结果记录在表2-3中。

故障问询表1　　表2-3

故障症状			故障发生频率		
名称	状态		检查结果		
	亮	熄灭	经常发生	偶然发生	发生频率
充电指示灯					
说明：			说明：		

(4)故障偶然性发生的外部条件。

如果故障是偶然性发生，请你询问顾客并结合外部条件考虑发电机的影响因素，将检查情况记录在表2-4中。

故障问询表2　　表2-4

发电机的外部影响因素							其他故障现象
名称	运行条件		湿度条件		温度条件		
	低速	高速	干燥	潮湿	高温	低温	
发电机							
说明：							说明：

*3. 通过检查，你需要更换、添加哪些器件，并采取哪些相应的措施？

1)蓄电池电解液密度、液位、电压检查

将有关的测量值和采取的措施填写在表2-5中。

蓄电池电解液密度、液位、电压检查表　　表2-5

名　称	标准值	测量状况		
		测量值	放电状态	采取措施
电解液密度				
液位				
开路电压				

2)目测故障

请将检查结果和采取的措施填写在表2-6中。

目测故障记录表　　表2-6

名　称	检查结果		
	正　常	不正常	处理措施
接头松动否			
导线断开否			
接头锈蚀否			
熔断丝断否			

如果发现电缆接头锈蚀，你应如何处理？

3）传动带状况检查

根据图2-2，请将发电机传动带检查结果和采取的措施填写在表2-7中。

传动带的松紧度直接影响充电系统的工作情况和发电机的使用寿命。

（1）传动带过松时，会造成：

□容易导致传动带打滑　□降低发电机的转速　□发电机的输出功率下降

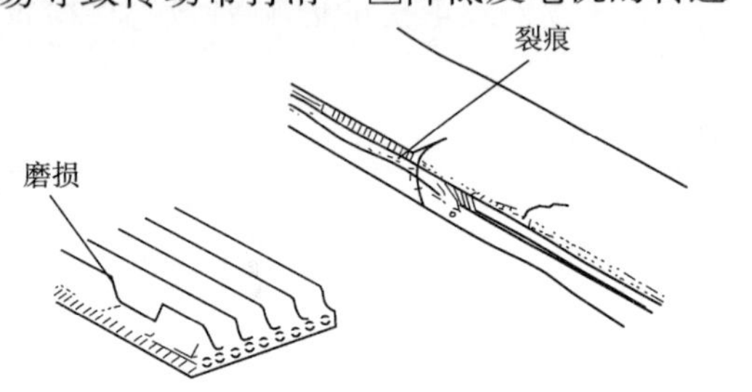

a)检查传动带是否磨损、擦伤

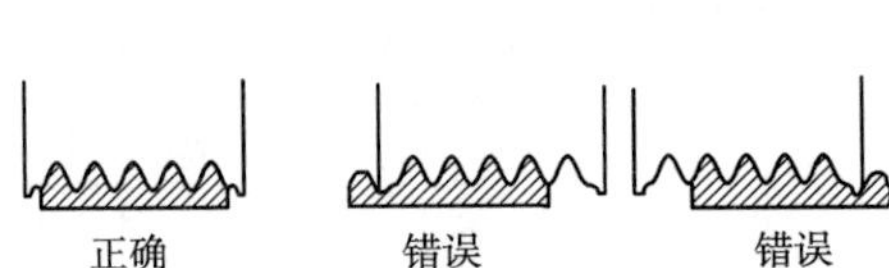

b)确认传动带安装位置

图2-2　检查传动带

传动带状况检查表

表2-7

名　　称	检查结果		
	正常(正确)	不正常(错误)	采取措施
传动带裂否或是否磨损			
传动带安装位置			
如果在传动带的肋侧有裂痕，你将如何处理	处理方法：		

（2）传动带过紧，会造成：

□加大发电机轴承的负荷　□加速轴承磨损

□严重时造成发电机转子与定子摩擦（扫膛），烧坏发电机。

小提示

如果是安装新的传动带，则应运转发动机约5min之后，再检查传动带的张紧度。检查传动带与传动带轮的配合是否合适。检查方法是用手确认传动带不会从曲轴传动带轮的基圆槽中滑出，如图2-2b)所示。

小词典

传动带挠度是指在两个传动带轮之间的中央位置，对传动带施加规定的压力后，加力点处传动带的位移量，如图2-3所示。

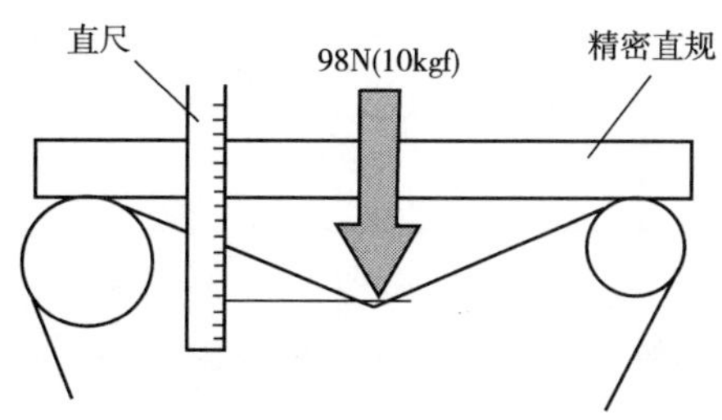

图 2-3　传动带挠度

丰田系列发动机的传动带，在如图 2-3 所示的传动带位置施加 98N 的压力，检查传动带挠度应为：新传动带________ mm，旧传动带________ mm。

如图 2-4 所示，查阅丰田系列发动机维修手册，在规程允许的情况下，可以调整发电机的调整螺栓，调整传动带的挠度。

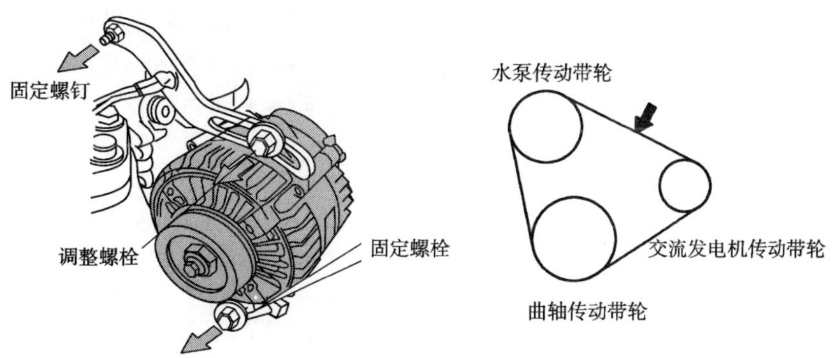

图 2-4　调整传动带的挠度

小词典

传动带张紧度是指传动带具有的张紧力，需用专用工具(图 2-5)进行检查。

旧传动带是指新传动带安装好后，起动发动机运转 5min 以上时的传动带。

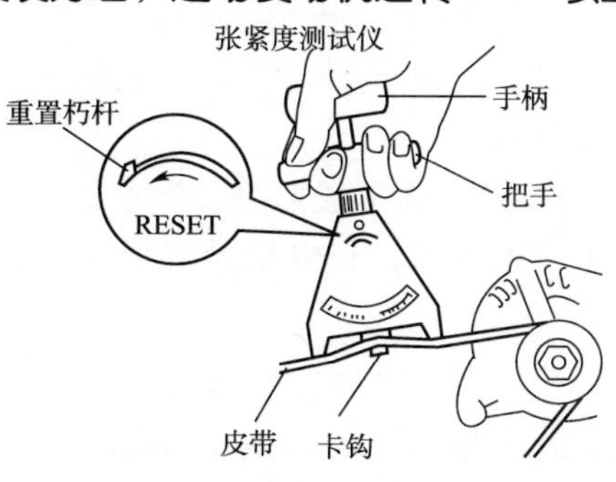

图 2-5　检查传动带的张紧度

查阅丰田系列发动机维修手册，传动带的张紧度(图 2-5)为________：新传动带________N；旧传动带________N。

4)发电机旋转噪声检查

检查发电机噪声时，应逐渐加大________，提高发动机转速，同时监听发电机有无异常噪声，若有异常噪声，应将检查结果记录在表 2-8 中，并仔细查明原因予以消除。

发电机旋转噪声检查表　　表 2-8

名　称	检查结果		
	低　转　速	高　转　速	采取措施
不正常噪声			

***4. 根据某一具体车型(如，丰田威驰)的充电系统电路图，分析充电系统工作原理，并就车进行线路检测。**

1)充电系统电路分析

如图 2-6 所示，充电系统电路主要由蓄电池、熔断丝、点火开关、充电指示灯、IC 调节器、交流发电机和导线等元件组成。

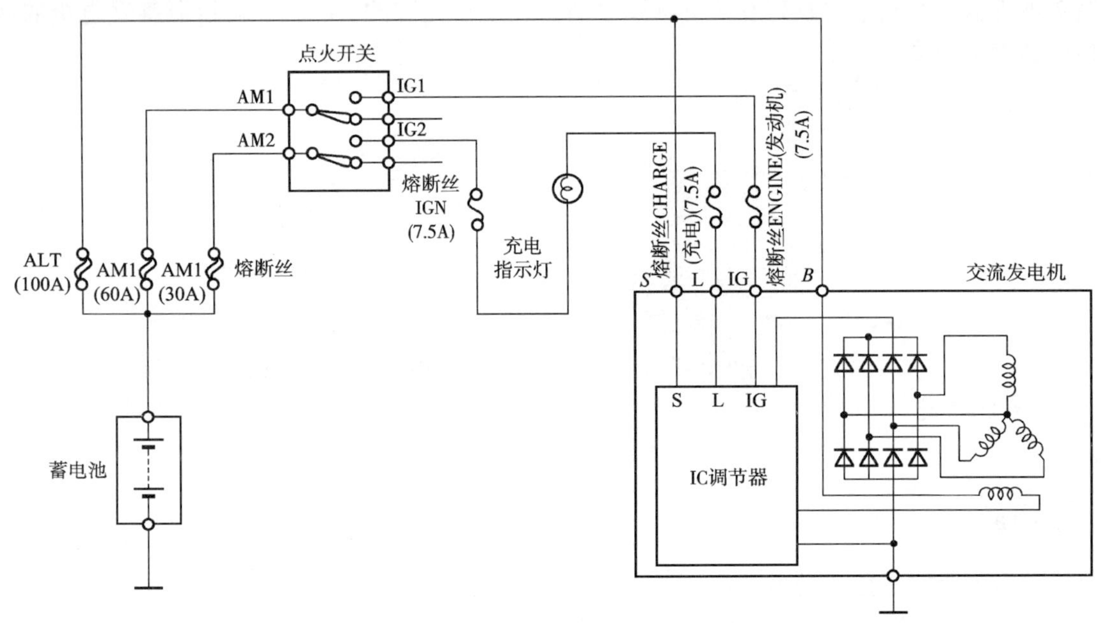

图 2-6　充电系统线路图

接通点火开关一挡(AM2 接通 IG2)，充电指示灯电路电流路径：蓄电池"+"→ AM1(30A)__________→点火开关针脚 AM2→点火开关针脚____________→ ____________________→充电指示灯→IC 调节器端子__________，经 IC 调节器控制接通搭铁形成回路，充电指示灯亮，此时交流发电机没有正常工作，由蓄电池放电。当交流发电机正常工作时，充电指示灯熄灭，此时由发电机供电，必要时还应对蓄电池充电。

小提示

汽车充电指示灯常亮的故障原因，除交流发电机不能正常工作之外，还与充电指示灯电路处于短路状态有关。此时所谓的短路状态，是指充电指示灯的输出部分电路没有经过 IC 调节器控制而直接搭铁。

2)故障部位检修

(1)断开三极连接器时的检查。

图 2-7 为丰田车用单片式 IC 电压调节器的外形图，它有 7 个接线端，其中"B"、"F"、"P"、"E"

4 个接线端用螺钉直接与发电机相连。接线插座内的“IG”、“L”、“S”3 个接线端称为______________。

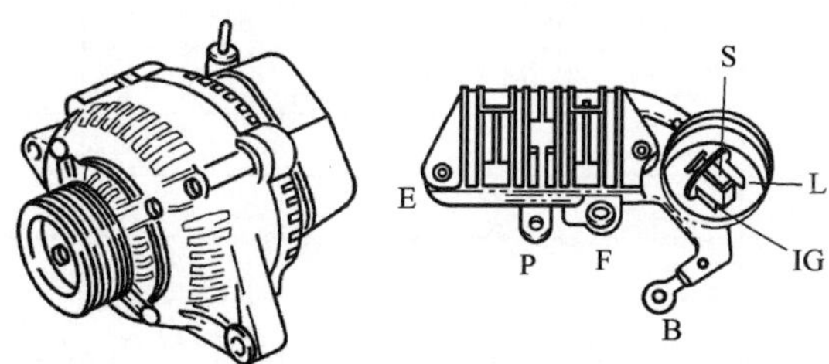

图 2-7 丰田车用单片式集成电路电压调节器外形图

当充电指示灯不能熄灭时，你可采用断开三极连接器的方法进行检查，请将检查结果记录在表2-9中。

三极连接器断开时充电指示灯检查表 表 2-9

名 称	检查结果	
	亮	熄灭
充电指示灯		

如果充电指示灯________，表示发电机输出电压太低；如果断开三极连接器充电指示灯________，表示充电指示灯的线路无短路现象。

小提示

进行充电系统线路检测之前，整体式交流发电机的端子 B 和三极连接器(图 2-8)必须紧固，不得松动。

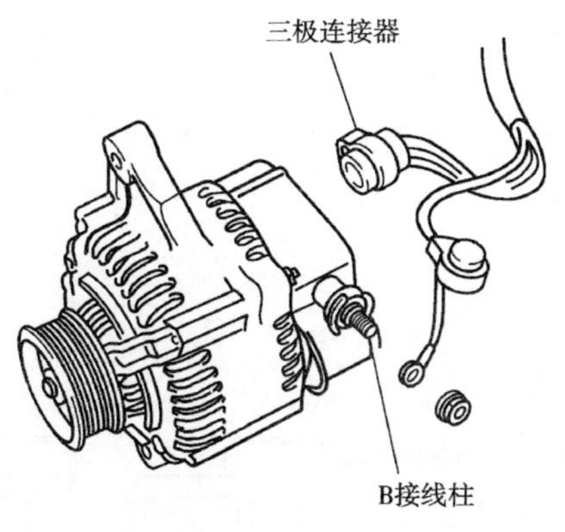

图 2-8 端子 B 接线柱和三极连接器

(2)检查发电机输入电源电路。

①检查端子 B 和三极连接器连线。

检查表 2-10 的相应项目，将测量值填写在表格内，请你结合下述方法进行分析。

如果蓄电池的电压与交流发电机端子 B 的电压值________，说明电路正常。如果两个测量电压值________，则表示端子 B 与蓄电池的电缆两端之间存在导线接触不良或线束断股等故障，该电压降的标准值一般应小于 0.2V。如果充电指示灯亮，端子 B 线束________故障的可能性较大。(请从下列选项中选择正确答案)

A. 相差较大 B. 存在断路或短路 C. 相差较小 D. 不存在断路或短路

端子 B 和三极连接器连线检查表　　表 2-10

检查项目	输出电压			分析结果
	标准值	测量值	差值	
蓄电池				
端子 B				
端子 S				
端子 IG				
端子 L				

交流发电机端子 IG 输入电路为 IC 电压调节器的电源电路之一。如果充电指示灯能亮，可判断端子 IG 输入电路________。如果断开交流发电机三极连接器，在测量端子 IG 的电压时，蓄电池的端电压与端子 IG 的电压值________，则说明电路正常。如果两个测量电压值________，则表示端子 IG 与蓄电池线路之间存在接触电阻大(或断路)、熔断丝断路等故障现象。(请从下列选项中选择正确答案)

A. 相差较小　　B. 存在故障　　C. 相差较大　　D. 不存在故障

②检查仪表内、外部线路。

通过充电指示灯的状态检查仪表内、外部线路，将测量值填写在表 2-11 内，请你结合以下方法进行分析。

仪表内、外部线路检查表　　表 2-11

检查项目	指示灯状态		分析结果
	亮	熄灭	
三极连接器未断开			
三极连接器断开			

接通点火开关，如果组合仪表与发电机(端子 L)之间的线束发生搭铁(短路)故障时，充电指示灯可能会________。如果此时断开发电机的三极连接器，则充电指示灯________，就可判断组合仪表与发电机(端子 L)之间的线束不存在故障。

③连接电压表和电流表(图 2-9)。

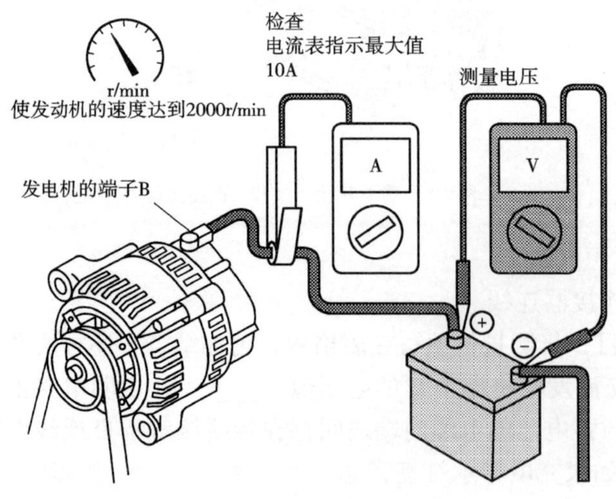

图 2-9　空载检查充电线路

连接电压表和电流表时，你应注意哪些问题?

请参阅资料列出钳形电流表的使用方法和步骤。

④测量发电机的电压和电流。

测量发电机空载电压和电流，将测量值填写在表2-12中，并结合下述方法进行分析。

a. 测量怠速时的电压和电流。

怠速时的电压和电流检测表　　表2-12

状　态	输出电压		输出电流	
	标准值	测量值	标准值	测量值
怠速				
分析				

b. 测量发动机转速为2000r/min时的电压和电流。

对于丰田系列发动机的整体式交流发电机(IC电压调节器类)来说，在空载测试时，将发动机从怠速运转到2000r/min，检查发电机空载(即发动机转速发生变化很小或负载很小)时的电压和电流，见表2-13。

发电机空载电压、电流检查表　　表2-13

状　态	输出电流		输出电压		
	标准值	测量值	13.5~15.1V	>15.1V	<13.5V
2000r/min					
分析					

如果电压可稳定在____________之内的某一读数时，表示充电系统正常。

如果电压读数大于标准________，则IC电压调节器有故障，应更换IC电压调节器。

如果电压读数小于标准________，则应检查IC电压调节器和发电机。此时可将发电机端子F(励磁线圈)搭铁，起动发动机并检查端子B的电压读数。

如果电压读数大于标准________，则应更换IC电压调节器。

如果电压读数小于标准________，则应修理发电机。

(3)发电机(带负载)输出电流测试。

①连接电压表和电流表(图2-10)。

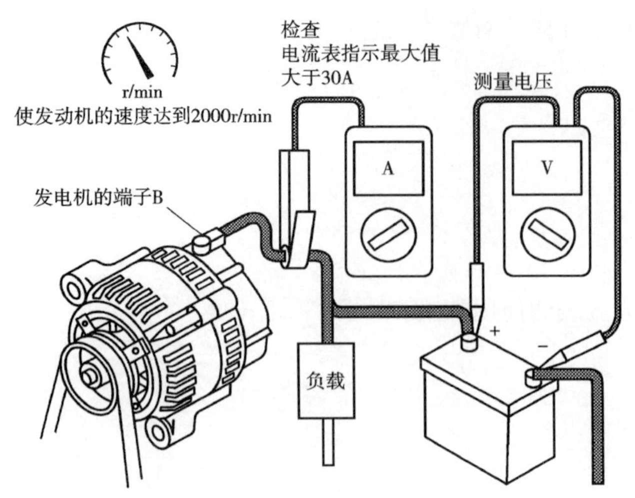

图2-10　交流发电机输出电流(带负载)测试

②测量发电机(带负载)输出电压和电流。

测量发电机(带负载)输出电压和电流，将测量值填写在表格中，并结合下述方法进行分析。

a. 测量怠速时的电压和电流(测量值填写在表2-14中)。

怠速时的电压和电流检测表　　表2-14

状　态	输出电压		输出电流	
	标准值	测量值	标准值	测量值
怠速				
说明				

b. 测量发动机转速为2000r/min时的电压和电流。

对于丰田系列发动机的整体式交流发电机(内置IC电压调节器)来说，应确保使用最大负载(接通远光灯和除雾器等)，将发动机从怠速运转到2000r/min，检查发电机端子B的输出电流和电压值，见表2-15。

发动机转速2000r/min时的电压和电流检测表　　表2-15

状　态	输出电流		输出电压		
	标准值	测量值	13.5~15.1V	>15.1V	<13.5V
2000r/min					
决策					

如果测量电流结果________，则交流发电机的定子线圈和整流部分正常。

如果测量电流结果________，则发电机的故障可能在定子线圈和整流部分。

将测量值与标准值进行比较分析，你如何作出更换交流发电机的决策建议?

＊5. 根据故障现象，当需要就车更换发电机时，如何规范操作以保证装配质量？

1）移动、停放、举升车辆（表2-16）

更换交流发电机准备工作明细表　　表2-16

检查举升器性能项目	不　正　常	正　　常	采取措施
清洁实训工位			
检查主、副立柱的地脚螺栓			
检查提升臂的锁止机构			
检查提升臂			
检查油箱、油缸、高压油管			
检查电源和电动机			
系统支撑和加固			

2）读故障码（见表2-17）

故障码记录表　　表2-17

故　障　码	表示内容

3）拆卸交流发电机

（1）脱开蓄电池负极（－）端子电缆（图2-11）。

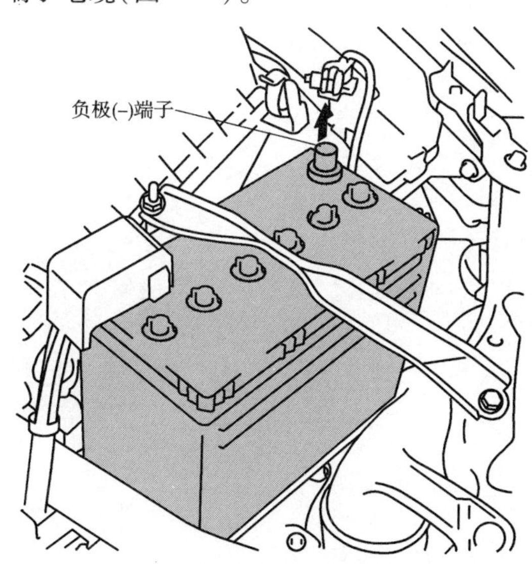

图2-11　断开蓄电池负极

回忆任务一的学习内容，想想在断开蓄电池的负极电缆前，为何要先读取故障码？

(2)脱开发电机电缆和连接器(图2-12和图2-13)。

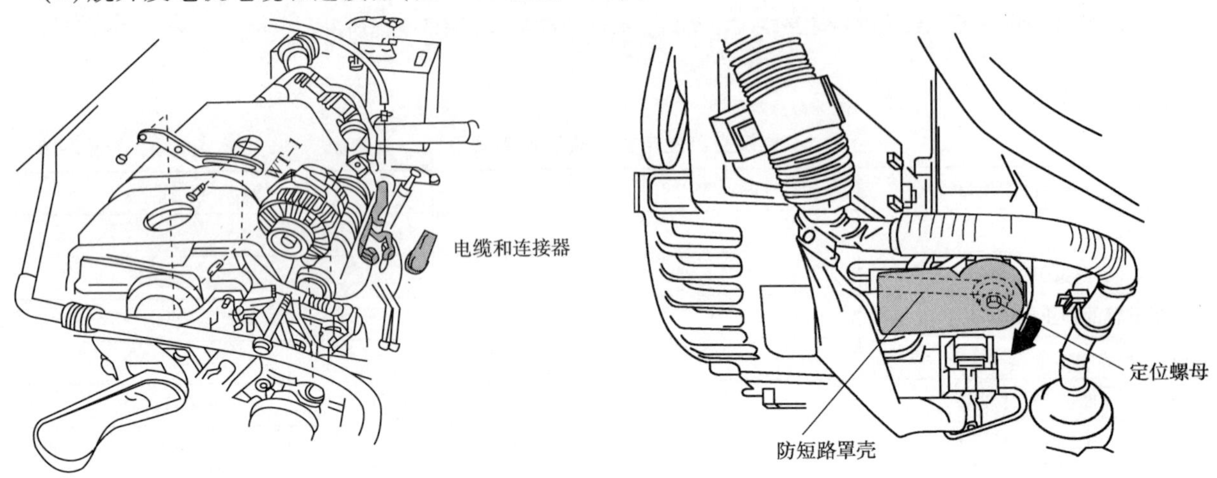

图2-12 拆卸发电机电缆定位螺母

图2-13 断开连接器

①拆卸发电机电缆定位螺母，断开发电机电缆。

②断开连接器的卡爪，握住连接器，然后断开连接器。

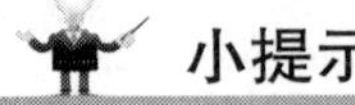

小提示

发电机电缆是直接从蓄电池引出的，在端子上有一个防短路罩壳，在拆装时要注意保护。

(3)拆卸传动带、发电机、支架(图2-14和图2-15)，注意必须按下列步骤进行作业。同时也要注意，拉动传动带来移动发电机将损坏传动带。

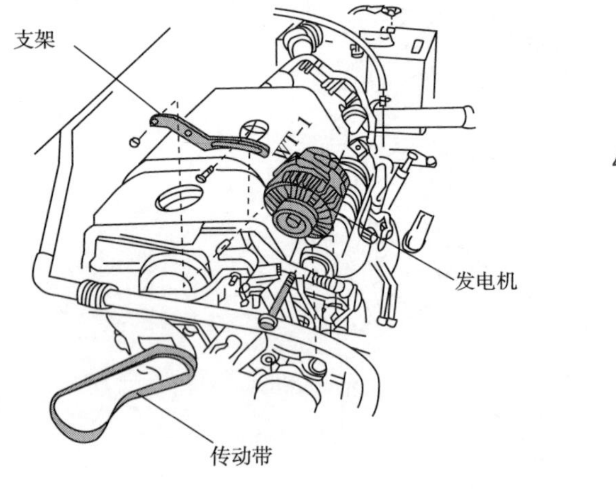

图2-14 拆卸传动带

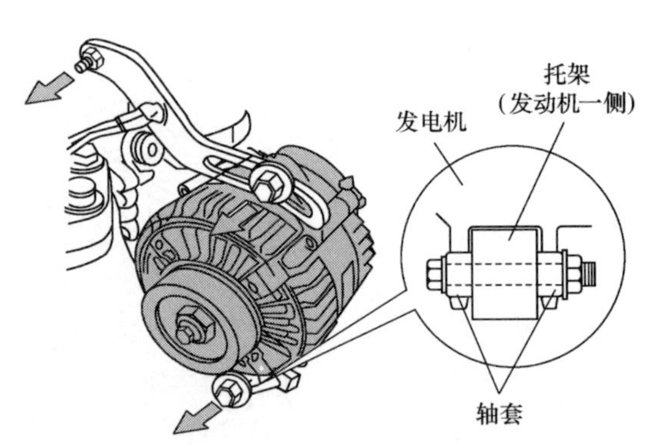

图2-15 拆卸发电机安装螺栓

①拧松发电机安装螺栓，然后拆卸传动带。

②拆卸所有的发电机安装螺栓，然后拆卸发电机。

由于发电机的安装零件带有用于定位的轴套，所以连接紧密。由于这个原因，需上下摇动发电机来进行拆卸。

4)检修充电系统

在不拆解发电机的情况下，检修充电系各部件，并选配合适的新发电机。

对各零、部件进行清理、清洗、防腐，然后按系统对应放置，检查是否齐全和可再用性，并将检查结果和采取措施填写在表 2-18 中。

检查结果和采取措施　　表 2-18

项　　目	可继续用	可　维　修	应　更　换	采取措施
蓄电池电压				
蓄电池外壳				
电缆夹				
搭铁线				
B 电缆				
连接器				
传动带				
发电机				
锁紧螺栓				
枢轴螺母				
发电机总成				

5）更换交流发电机

将新的交流发电机放置在发动机支座上，如图 2-16 所示。稍稍拧紧枢轴螺母及调整锁紧螺栓，在发电机传动带未装好以前，________拧紧枢轴螺母与调整锁紧螺栓。

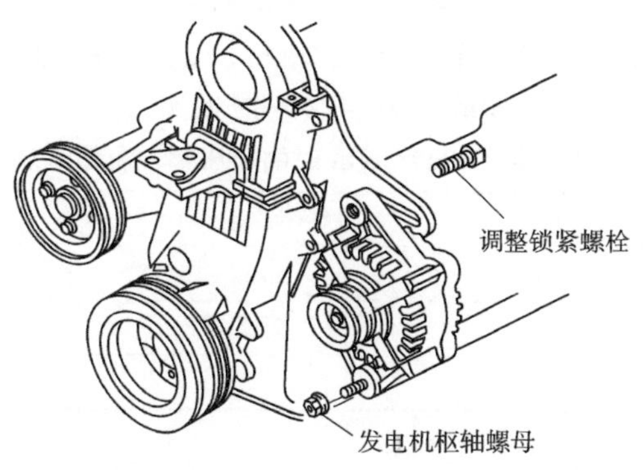

图 2-16　安装枢轴螺母与调整锁紧螺栓

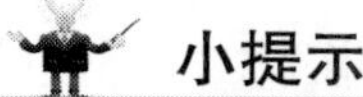

小提示

先将传动带绕在曲轴传动带轮与水泵传动带轮上，然后套在发电机传动带轮上。安装传动带时，要检查传动带是否正确地安装在传动带轮的凹槽上。

拧紧调整锁紧螺栓至发电机不会被拉回为止，如图 2-17 所示。

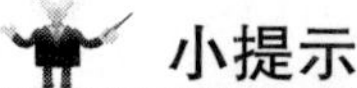

小提示

用撬棍调整发电机位置，切勿顶在气门正时盖上撬。

接线时先将三极连接器插入插座内，然后将电缆套在发电机的____________接线柱上，再拧紧螺母，并用防短路罩壳将端子 B 套好，如图 2-18 所示。

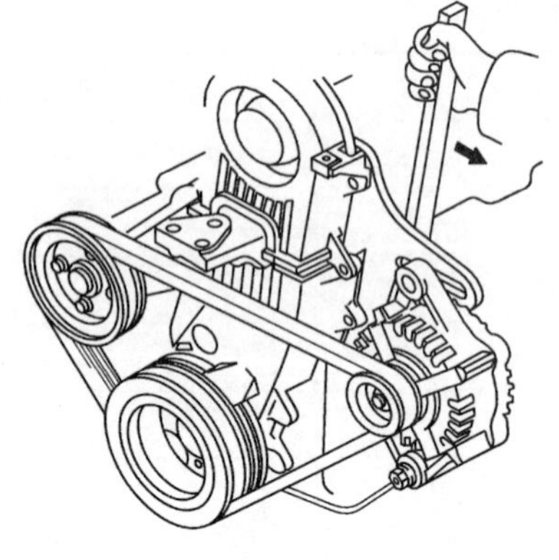
图 2-17　握住撬棍拧紧调整螺栓

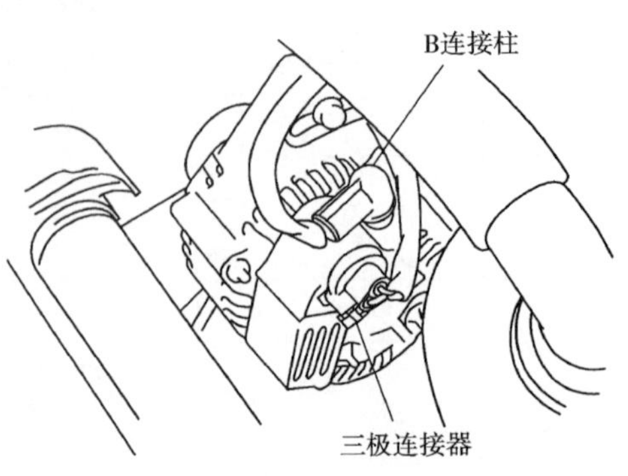

图 2-18　电缆线和三极连接器与发电机连接

小提示

当连接蓄电池电缆时，应将电缆接线柱的螺母切实拧紧。

安装完毕后，降下举升器，停放好车辆，并注意安全。

***6. 根据所学知识和经验，应怎样对发电机进行就车复检计划，怎样测量发电机的空载电压和电流？**

通过发电机就车复检，对实测值与标准值比较分析，记录整理数据(表 2-19)。然后将车辆准备好，供出厂检验，并陪同检验人员进行检验，若有必要应返工。

发动机转速 2000r/min 时的电压和电流检测表　　表 2-19

状　态	输出电流		输出电压		
	标　准　值	测　量　值	13.5 ~ 15.1V	>15.1V	<13.5V
2000r/min					
分析					

三、评价反馈

1)维修案例分析

利用你所学习的知识，分析车辆发动机起动后因发电机内部或线路故障导致充电指示灯长亮故障。

故障症状：如图 2-19 所示，车辆接通点火开关，并起动发动机后，充电指示灯长亮。

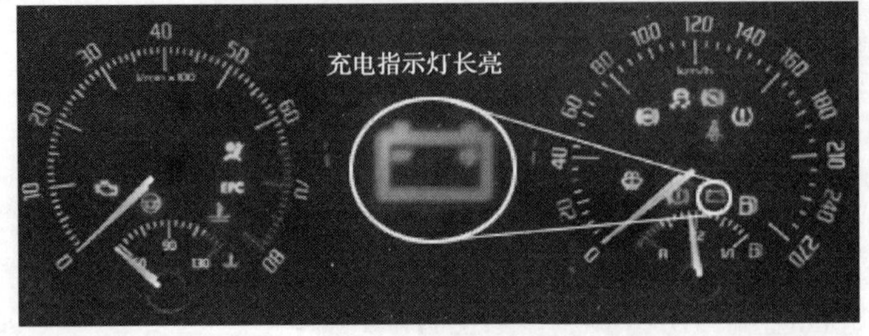

图 2-19　故障症状

故障排除：检查发电机传动带无断裂、无松动或打滑。检查传动带松紧适度，挠度符合规定要求。检查充电系统线束连接良好；检查三极连接器接线端紧固可靠，无松脱现象。发动机运转时，发电机无异常噪声。另外，断开发电机的三极连接器后，充电指示灯熄灭，说明组合仪表与发电机(端子 L)之间的线束不存在故障。更换发电机后，故障排除。

(1)解释发电机内部故障为什么会导致充电指示灯长亮？

(2)查阅相关的学习资料，总结导致充电指示灯长亮的原因还有哪些？

(3)在没有维修手册的情况下，应该怎样收集各种数据标准？

2)学习自测

(1)检测充电系统之前，必须首先检查(　　)。

A. 充电系线束　　B. 传动带状况　　C. 蓄电池状况　　D. 易熔或熔断丝

(2)进行充电系统检测时，始终要佩戴(　　)。

A. 绝缘手套　　B. 护目镜　　C. 工作帽　　D. 防护套

(3)在进行丰田车型的充电系统检测时，不要让输出电压增加到(　　)以上。

A. 15.1V　　B. 16V　　C. 17V　　D. 14.1V

(4)充电系统电压降检测的一般技术条件是：供电回路小于(　　)，搭铁回路小于(　　)。

A. 0.7V　0.4V　　B. 0.6V　0.3V　　C. 0.7V　0.2V　　D. 0.9V　0.2V

(5)交流发电机与蓄电池是(　　)工作。

A. 串联　　B. 并联　　C. 混联　　D. 以上答案都不是

(6)在讨论交流发电机噪声故障时，技师甲说，松动的传动带会产生闷声噪声，技师乙说，哼叫噪声是由二极管的短路引起的。试判断谁正确？(　　)

A. 甲正确　　B. 乙正确　　C. 两人均正确　　D. 两人均不正确

(7)在讨论输出电压的检测结果时，技师甲说，如果充电电压太高，则传动带松了或打滑，技师乙说，如果充电电压太低，故障可能是电压调节器励磁绕组搭铁(满励磁)。试判断谁正确？(　　)

A. 甲正确　　B. 乙正确　　C. 两人均正确　　D. 两人均不正确

(8)技师甲说，励磁电流检测能确定励磁绕组可达到的电流，技师乙说，打滑的传动带会导致低

的读数。试判断谁正确?(　　)

A. 甲正确　　B. 乙正确　　C. 两人均正确　　D. 两人均不正确

3)维修信息获取练习

通过查阅维修手册,断开蓄电池的负极电缆之前,对存储在 ECU 等器件内的信息做记录,并将查到后的相关信息填写在下面的空格中。

4)学习目标达成度的自我检查

请认真填写表 2-20。

自我检查表　　表 2-20

序号	学习目标	达成情况(在相应的选项后打"√")		
		能	不能	如果不能,是什么原因
1	叙述车辆充电系统的组成及其各元件的作用			
2	识读充电系统电路图,分析与故障相关的因素			
3	根据系统故障现象,制订和实施交流发电机就车检查计划			
4	根据专业技术要求,规范就车更换交流发电机			
5	将检查数据与标准值比较,确保发电机就车检查与更换的工作质量			

5)日常表现性评价(由小组长或者组内成员评价)

(1)工作页填写情况。(　　)

A. 填写完整　　B. 缺失 0~20%

C. 缺失 20%~40%　　D. 缺失 40% 以上

(2)工作着装是否规范?(　　)

A. 穿着校服(工作服),佩戴胸卡

B. 校服或胸卡缺失一项

C. 偶尔会既不穿校服又不戴胸卡

D. 始终未穿校服、佩戴胸卡

(3)能否主动参与工作现场的清洁和整理工作?(　　)

A. 积极主动参与 5S 工作

B. 在组长的要求下能参与 5S 工作

C. 在组长的要求下能参与 5S 工作,但效果差

D. 不愿意参与 5S 工作

(4)升降汽车举升器或起动发动机时,有无进行安全检查并警示其他同学?(　　)

A. 有安全检查和警示

B. 有安全检查无警示

C. 无安全检查，无警示

(5)是否达到全勤？(　　)

A. 全勤　　B. 缺勤0～20%(有请假)

C. 缺勤0～20%(旷课)　　D. 缺勤20%以上

(6)总体印象评价。(　　)

A. 非常优秀　　B. 比较优秀

C. 有待改进　　D. 急需改进

(7)其他建议：

小组长签名：________　____年____月____日

6)教师总体评价

(1)对该同学所在小组整体印象评价。(　　)

A. 组长负责，组内学习气氛好

B. 组长能组织组员按要求完成学习任务，个别组员不能达成学习目标

C. 组内有30%以上的学员不能达成学习目标

D. 组内大部分学员不能达成学习目标

(2)对该同学整体印象评价：

____

____

____。

教师签名：________　____年____月____日

学习任务3　发电机解体维修

学习目标

完成本学习任务后，你应当能：

1. 叙述汽车大修项目的定义、步骤及发电机大修程序；
2. 叙述交流发电机整体结构、工作原理及其工作特性；
3. 制订发电机解体维修的计划并实施，根据工作要求，规范完成发电机解体维修、装复及性能测试作业；
4. 运用所学知识和经验，合作制订实施发电机其他故障解体维修的计划。

建议完成本学习任务为14学时

学习内容的结构

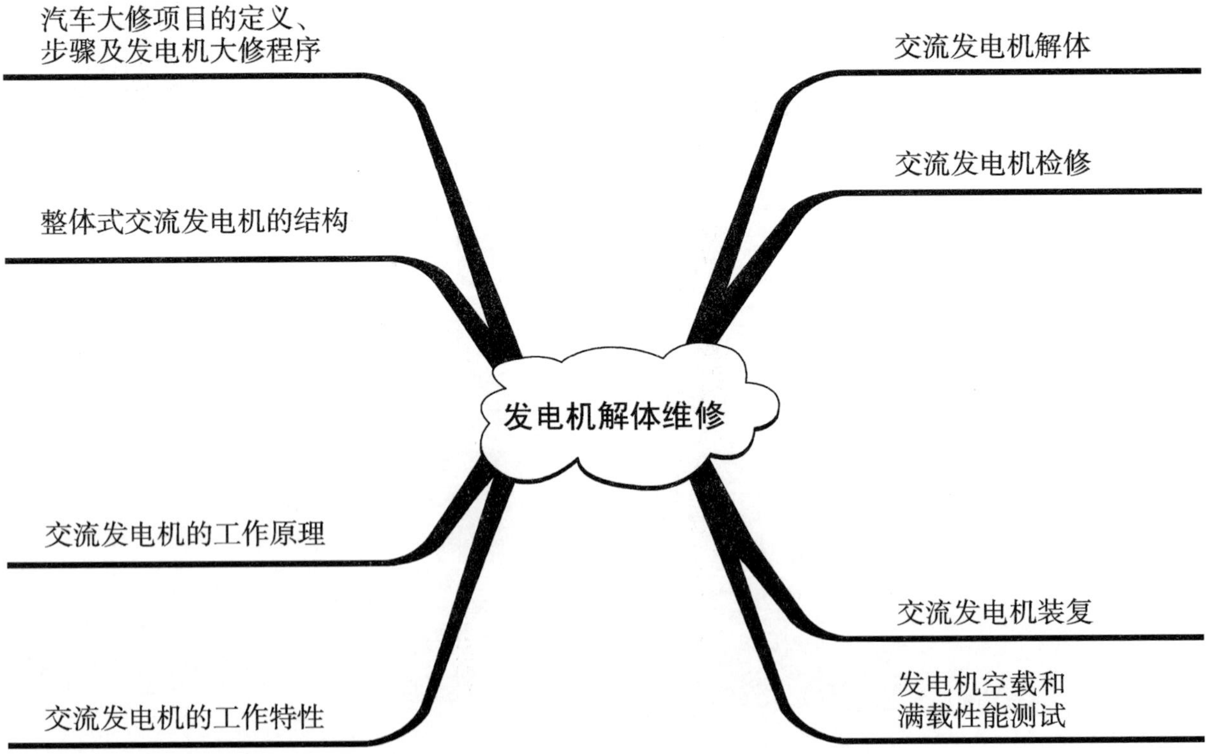

发电机解体维修

- 汽车大修项目的定义、步骤及发电机大修程序
- 整体式交流发电机的结构
- 交流发电机的工作原理
- 交流发电机的工作特性
- 交流发电机解体
- 交流发电机检修
- 交流发电机装复
- 发电机空载和满载性能测试

学习任务描述

按照专业水平对交流发电机进行检测，针对检查的结果或有关现象，解体维修发电机，解决充电系统故障。

案例分析

客户将一辆丰田威驰牌轿车送到维修站，反映这辆汽车夜间开前照灯行车时，充电指示灯忽亮忽灭，有时还会引起发动机熄火；另外，发动机转速低时按喇叭正常，发动机高转速运行时按喇叭变调，充电指示灯有点亮的现象。维修技师对此故障症状进行了验证，对发电机进行就车检查。确认是滑环与电刷接触不良，在客户允许的情况下拆卸发电机，对发电机解体维修，更换电刷，并对电刷与滑环进行磨合处理，安装发电机后起动车辆，故障排除。

一、学习准备

＊1. 整体式交流发电机解体维修属于汽车解体维修中的重要项目，车辆解体维修应遵循怎样的步骤？

车辆的解体维修，俗称“大修”，是排除车辆故障的重要手段。

如图3-1所示，以丰田维修手册提供的资料为例。所谓的“大修”就是通过拆卸和分解发动机、传动桥、差速器、发电机和起动机等以及调整、修理或更换必要的零部件等工作来检测故障并进行修复。

图3-1　车辆“大修”流程图1

1）大修具体步骤（图3-2）

大修程序一般分成四个步骤：确认问题/症状→拆卸/分解→清洁/检查→装配/安装/调试。

2）发电机大修常规步骤（图3-3）

现代汽车广泛使用整体式交流发电机，这种发电机转速较高，有两个内置的风扇，滑环体积较小，并且整流器、电刷架和IC电压调节器均用螺栓固定在端架上，提高了系统的可靠性。

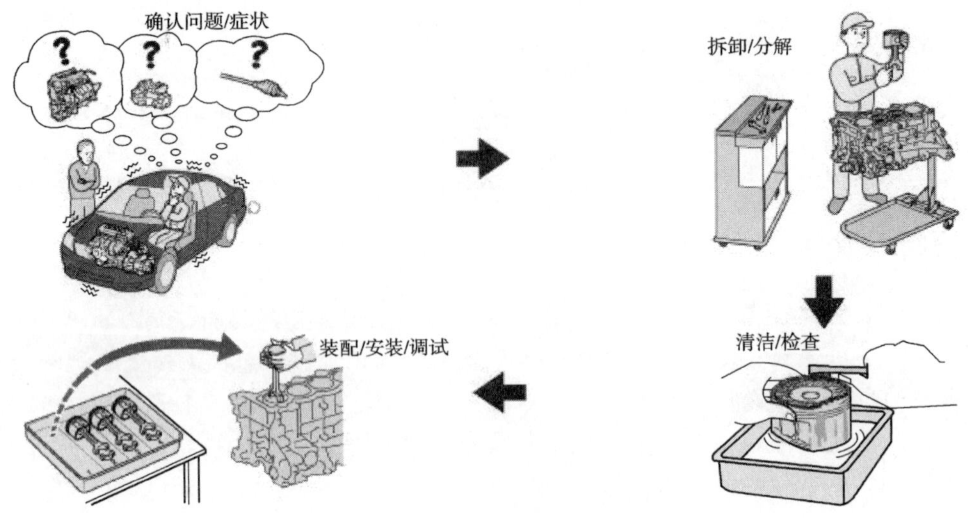

图3-2　车辆“大修”流程图2

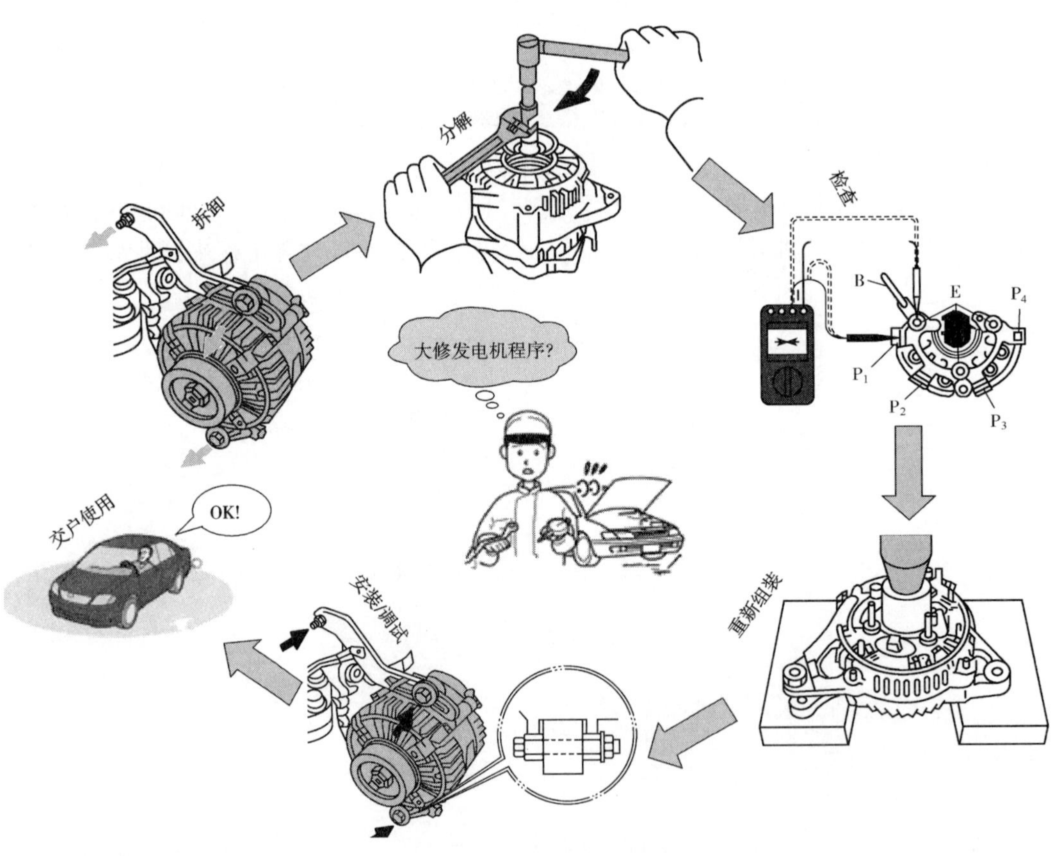

图3-3　发电机大修常规步骤

二、计划与实施

针对有关的资料，进行个人专题和小组综合分析、整理，明确发电机解体维修的工作逻辑，请你在学习和制订计划时留有一定的余地，避免出现意外，以便顺利完成工作任务。

***2. 整体式交流发电由哪些部分组成？各部件功能是什么？**

发电机是汽车电源的重要组成部分，其结构如图3-4所示，主要由1-传动带轮；2-____________；3-前端轴承；4-轴承压盘；5-________；6-后端轴承；7-垫片；8-______________；9-导线夹；10-橡胶绝缘套；11-端子B绝缘体；12-______________；13-______________；14-密封垫；15-____________；16-电刷绝缘罩；17-后盖罩；18-搭铁垫片组成。

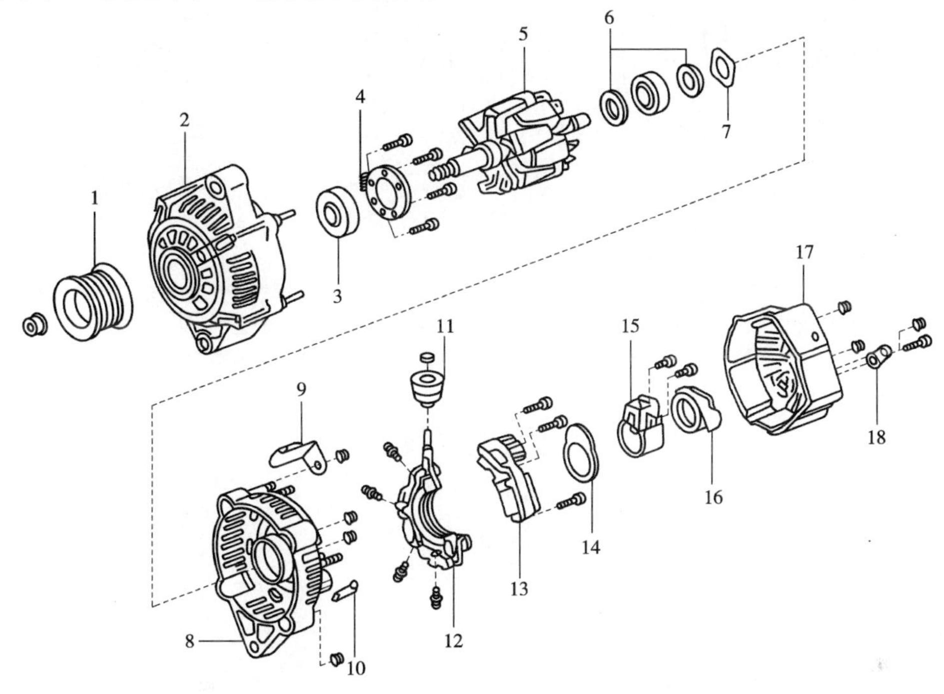

图3-4　整体式交流发电机的结构组件图

1）发电机解体时所需的工具

请查阅维修手册，将发电机解体所需的设备、零备件、仪表、材料和工具，以及相关的情况填写在表3-1中。

发电机解体维修所需的设备、工具一览表　　表3-1

名　称	型　号	未准备	准备好	现　状	会使用	不会使用
实习车辆						
发电机						
常用解体维修工具						
专用解体维修工具						
安全支座						

2）对整体式交流发电机进行解体维修时应遵循的步骤

（1）拆卸传动带轮。

用扭矩扳手固定在SST(A)，顺时针方向拧紧SST(B)到规定力矩，如图3-5所示。查阅丰田公司相应的维修手册，拧紧力矩为________N·m。（请从下列选项中选择正确答案）

A. 29　　B. 39　　C. 49　　D. 59

将 SST(C)固定在台钳上，然后将交流发电机装到________上。按图 3-6 所示的方向转动 SST(A)，以拧松传动带轮螺母。

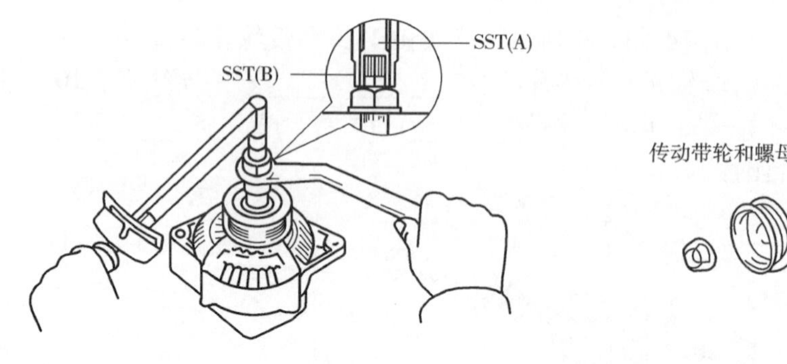

图 3-5　扭矩扳手使用方法

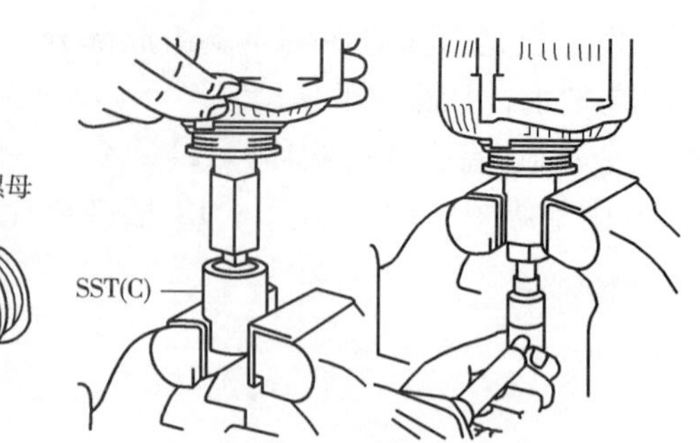

图 3-6　拧松传动带轮螺母

小提示

为了防止损坏转子轴，拧松传动带轮螺母时，转一次不要超过半圈。

(2)拆卸后盖罩。

拆卸后盖罩(如图 3-7 所示)时，应注意什么问题？

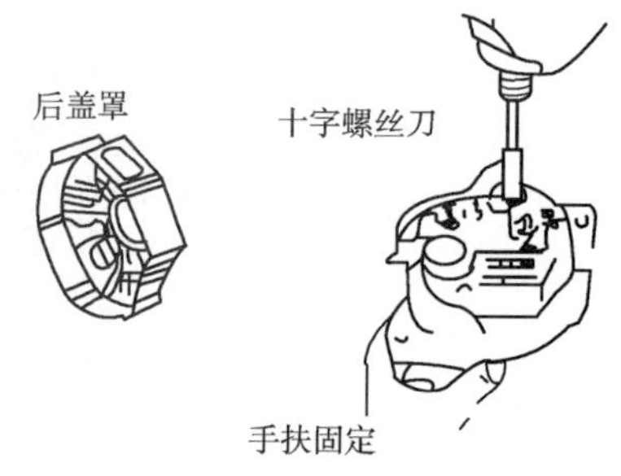

图 3-7　拆卸后端罩

(3)拆卸电刷架和 IC 电压调节器。

如图 3-8 所示，拆卸电刷架和 IC 电压调节器时，应注意什么问题？

图 3-8　拆下电刷架和 IC 电压调节器

(4)拆卸整流器。

分解整流器如图 3-9 所示。

(5)拆卸后端盖。

怎样使用拉拔器(SST)，拆卸整流器后端盖(图3-10)。

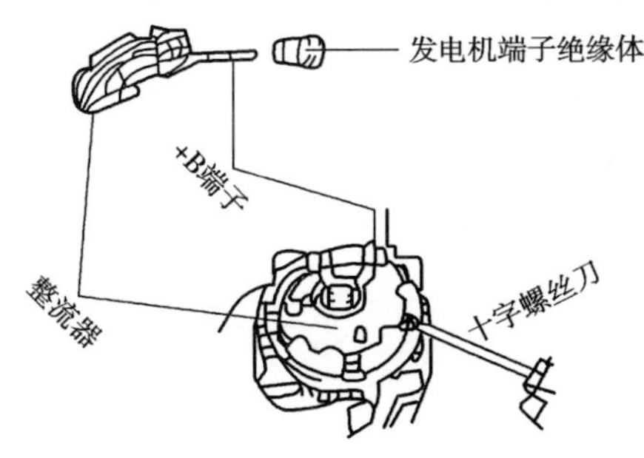

图3-9　拆卸整流器架

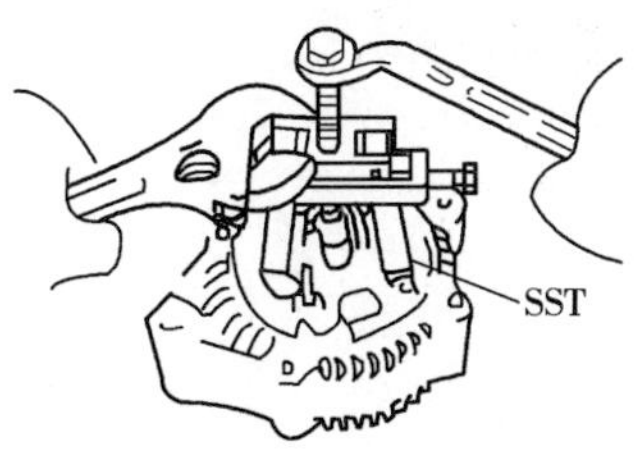

图3-10　拆卸整流器后端盖

(6)拆卸转子和前端盖，如图3-11所示。

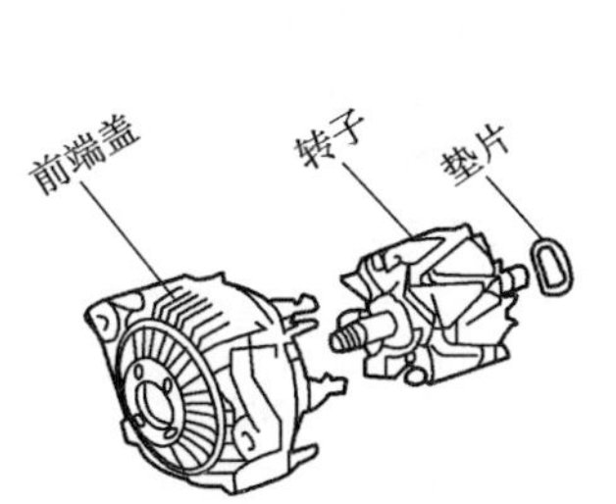

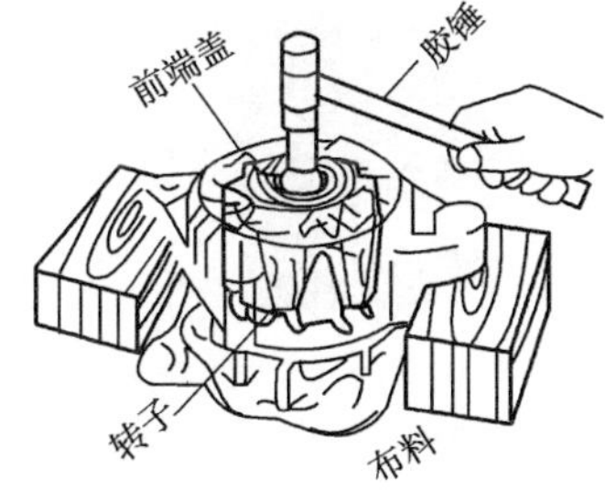

图3-11　合理使用工具拆卸转子和前端盖

小提示

通过锤敲打，从主动机座一端拆卸转子。请注意在敲击时转子会掉下来，所以转子下方应放布料。

(7)清洁各组件。

3)外观目检各组件

外观目检各组件，并在右边方框栏作出准确的选择。

(1)检查端盖，如图3-12所示。

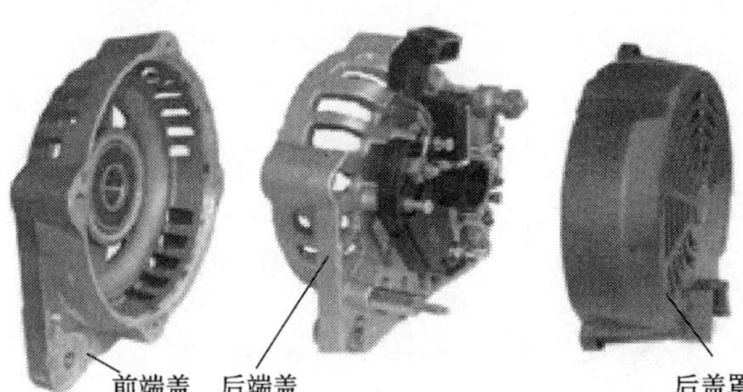

端盖是否裂痕损坏？

□是，更换

□否

图3-12　端盖

(2)检查风扇和传动带轮，如图3-13所示。

风扇叶片是否变形、破裂损坏?
□是，更换
□否
传动带轮是否变形、破裂损坏?
□是，更换
□否

图 3-13　风扇和传动带轮

(3)检查前、后轴承，如图 3-14 所示。

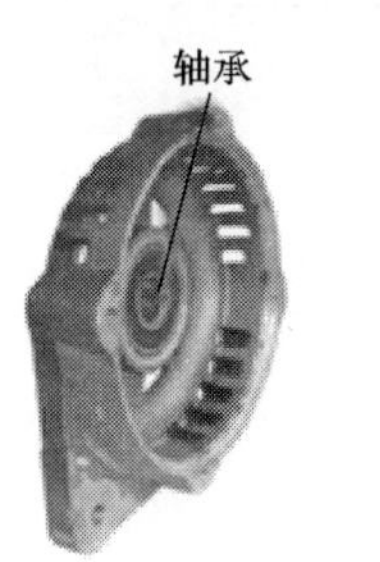

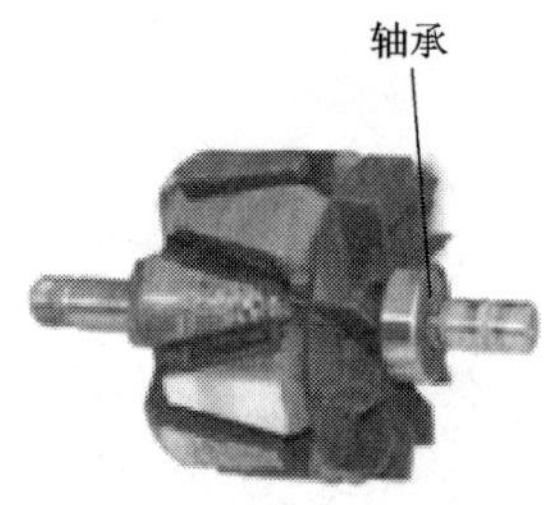

前、后轴承转动是否自如？如有卡滞或松旷：
□是，更换
□否

图 3-14　前、后轴承

(4)检查定子，如图 3-15 所示。

定子线圈(绕组)漆包线绝缘是否抹落?
□是，更换定子
□否
线圈引脚是否断裂?
□是，更换定子
□否

定子铁芯内圈是否划伤/扫膛?
□是，检查原因
□否

图 3-15　定子

(5)检查转子和滑环(集电环)，如图 3-16、图 3-17 所示。

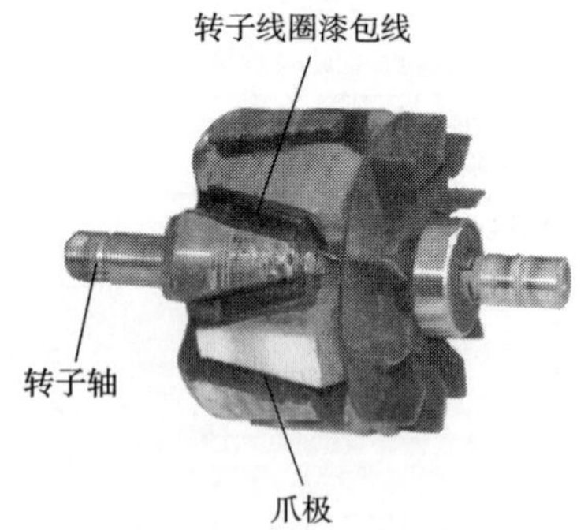

图 3-16　转子

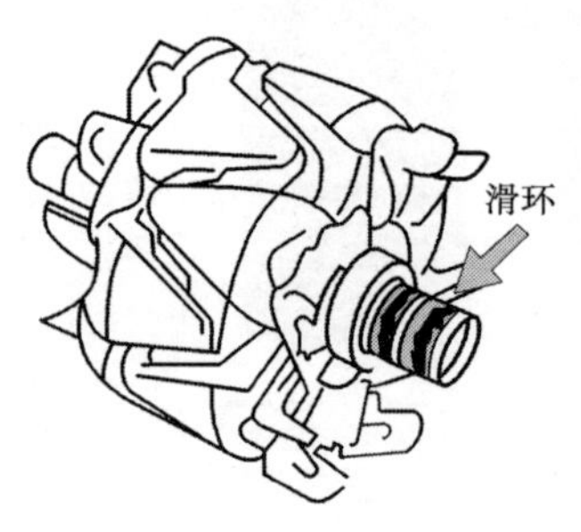

图 3-17　滑环

爪极是否划伤/扫膛?
□是，检查原因
□否
安装是否牢固？有无松动?
□是，检查原因
□否
线圈漆包线绝缘是否抹落?
□是，更换转子
□否

转子轴螺纹损坏是否超 2 牙?
□是，更换转子
□否
滑环：
滑环是否变脏或被烧蚀？如果烧蚀严重，应更换转子总成

(6)检查电刷架与电刷，如图 3-18 所示。

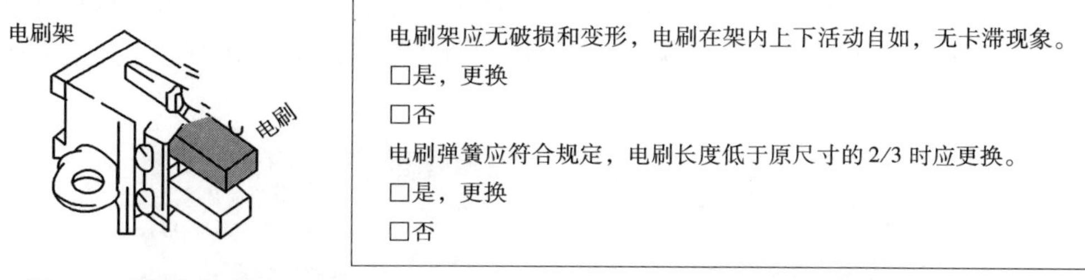

图 3-18　电刷和电刷架

(7)检查整流器，如图 3-19 所示。

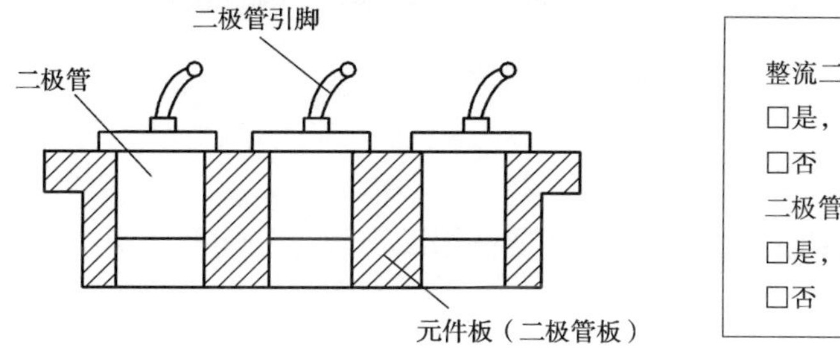

整流二极管安装是否牢固，有无松动？
□是，更换
□否
二极管引脚连接是否牢固，有无断裂？
□是，更换整流器
□否

图 3-19　整流器

经你仔细目检各组件和正确判断后，请你说明发电机中哪些机械、电气组件总成，产生了磨损、位置偏差和功能能力下降的情况，应采取什么措施？

＊3. 整体式交流发电机的某些机械、电气组件总成还需要专用的仪器、量具(如游标卡尺)和仪表(如汽车数字万用表)来进行检测检修。

1)检修定子总成

(1)检查定子线圈(绕组)导通性。

将数字万用表置于________挡的位置，检测定子线圈是否导通的方法如图 3-20 所示。如果万用表指示导通，说明定子线圈________。如果阻值为溢出状态“1”，说明定子线圈________。

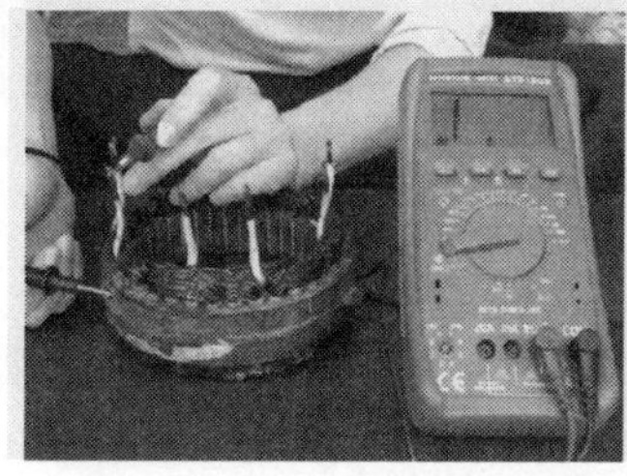 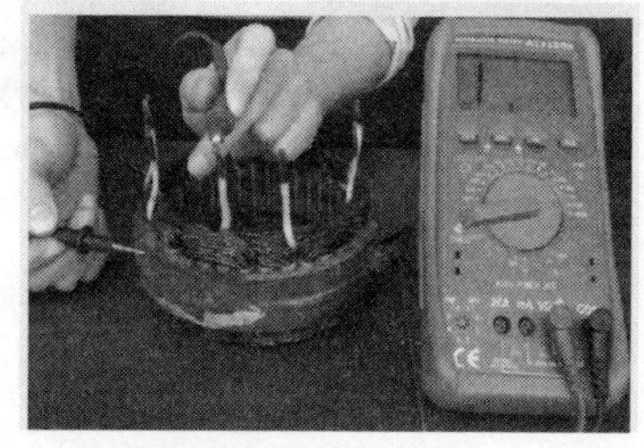

图 3-20　检查定子线圈(绕组)导通性

小提示

定子线圈标准电阻在 1Ω 以下，如果发现导通存在问题，应更换定子。

(2)检查定子线圈绝缘性。

万用表置于__________挡的位置，将万用表的两只表笔分别接触在定子铁芯和定子线圈的任一引出端子上，如图 3-21 所示。如果万用表指示导通，说明定子线圈内部存在有________现象。如果阻值为溢出状态“1”，说明定子线圈__________ 。

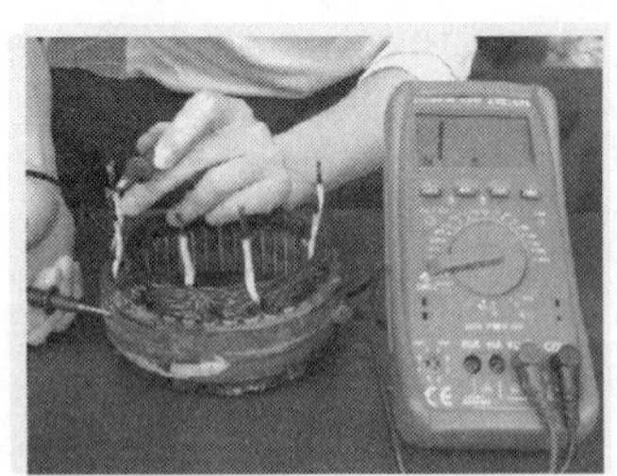
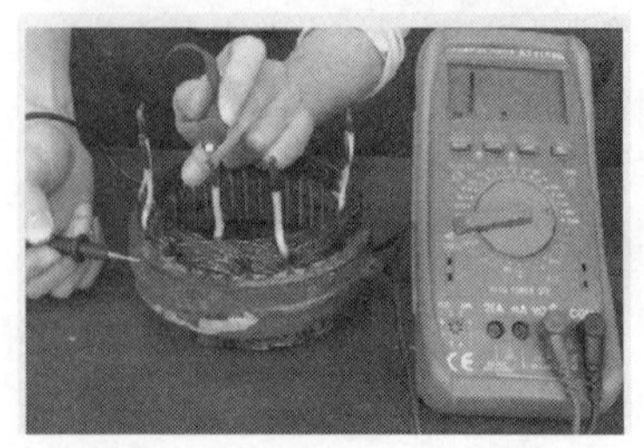

图 3-21　检查定子线圈绝缘性

小提示

定子线圈与铁芯之间绝缘电阻值是∞ ，如果发现在绝缘方面存在问题，更换定子。

小词典

定子结构——由定子铁芯和定子绕组组成，如图 3-22a)。

铁芯——通常由相互绝缘且内圆带槽的环状硅钢片叠成，如图 3-22b)。

绕组(线圈)——由漆包铜线绕成多匝，安置在定子铁芯槽内。油漆一般是聚酯亚胺漆，是电气绝缘漆中一大类，具有良好的电气绝缘性能，如图 3-22c)。

定子作用——产生三相感应电动势。

a)

b)

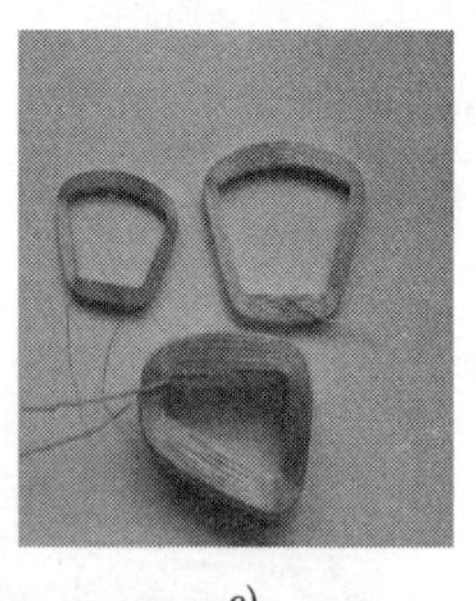

c)

图 3-22　定子结构图

小词典

定子绕组有三相，如图 3-23 所示。三相绕组采用星形(Y)接法或三角形(△)接法，都能产生三相交流电。三相绕组必须按一定要求绕制，才能使之获得频率相同、幅值相等、相位互差 120°(每个周期为 360°电角度)的三相电动势。

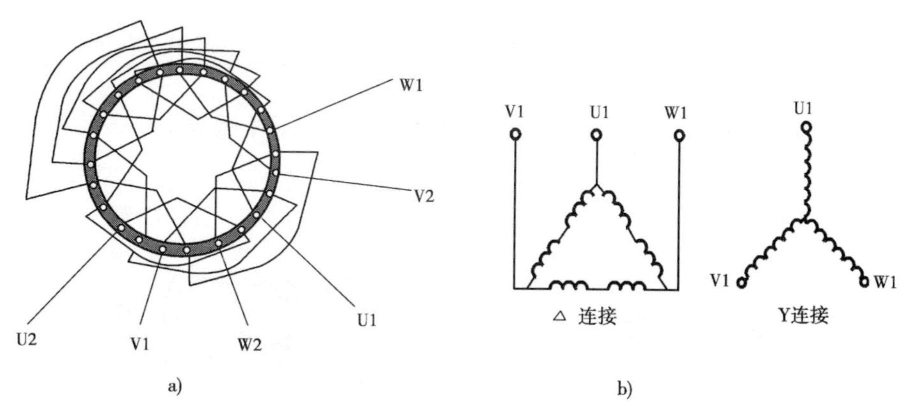

图 3-23　三相绕组示意图

a)定子三相绕组单独分开图；b)定子三相绕组连接图

2)检查转子总成

(1)检查转子线圈(励磁绕组)导通性，就是检查滑环之间是否导通。可以用于判断线圈内部是否开路，如图 3-24 所示。

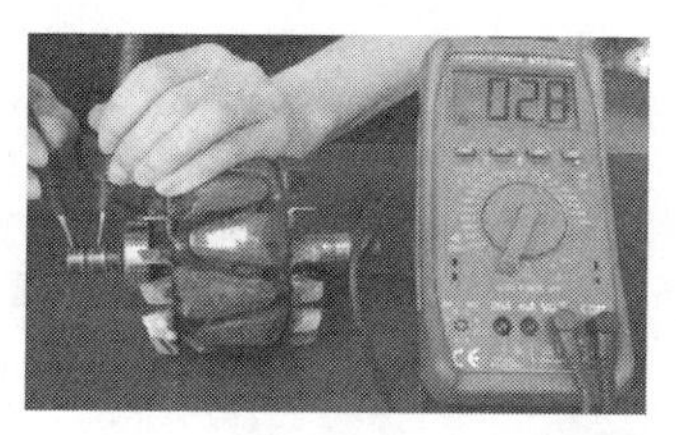

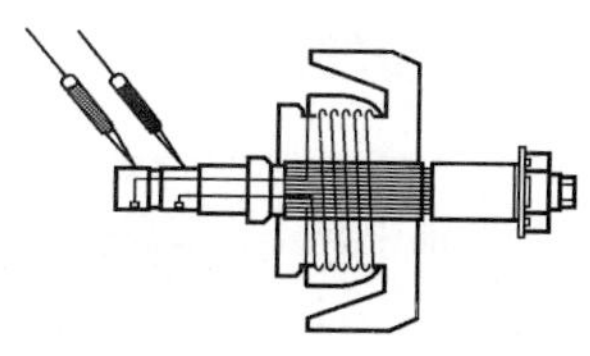

图 3-24　检查转子总成

小提示

转子线圈标准电阻在 2 ~6Ω 之间，如果发现电阻过大，更换转子。

(2)检查转子线圈绝缘性，就是转子线圈在滑环和转子爪极或转子轴之间应处于绝缘状态，否则线圈内存在短路，如图 3-25 所示。

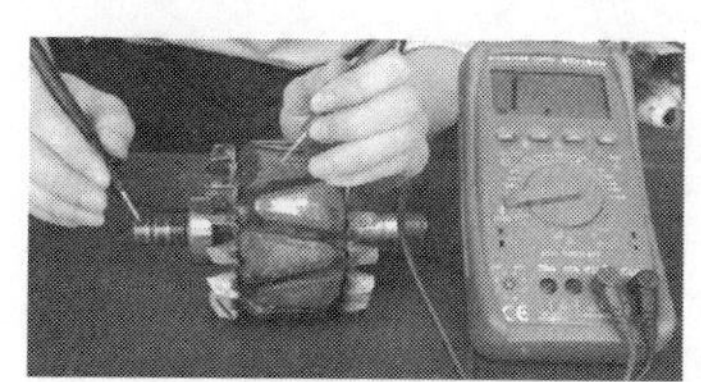

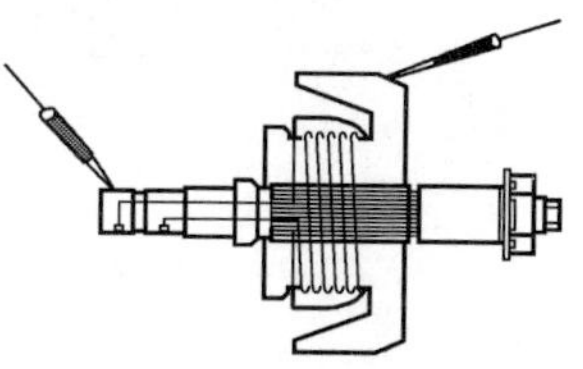

图 3-25　检查转子线圈

小提示

转子线圈绝缘电阻是∞，如果发现在绝缘方面存在问题，更换转子。

小词典

转子——由爪极、磁轭、励磁绕组(转子线圈)、集电环(滑环)、转子轴组成，见图3-26。

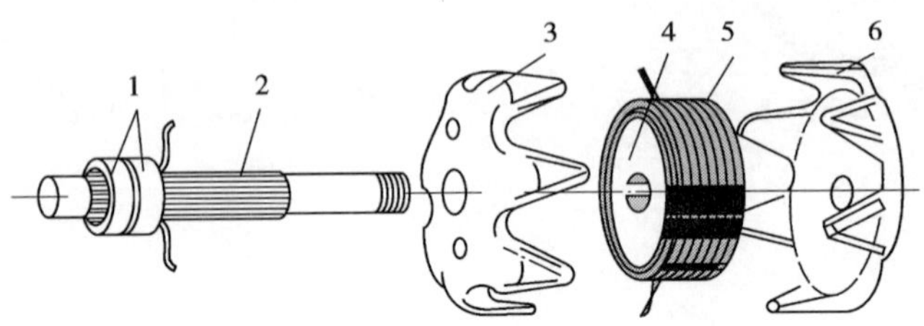

图 3-26 转子结构图

1-集电环；2-转子轴；3、6-爪极；4-磁轭；5-励磁绕组

转子构成——转子轴上压装着两块爪极，两块爪极各有六个鸟嘴形磁极，爪极空腔内装有励磁绕组和磁轭。集电环由两个彼此绝缘的铜环组成，集电环压装在转子轴上并与轴绝缘，两个集电环分别与励磁绕组的两端相连。

转子的作用——产生旋转磁场。

当转子两集电环通入直流电时(通过电刷引入)，励磁绕组中就有电流通过(此电流又称励磁电流)，并产生轴向磁通，使爪极一块被磁化为 N 极，另一块被磁化为 S 极，从而形成六对相互交错的磁极。当转子转动时，就形成了旋转的磁场，如图 3-27 所示。

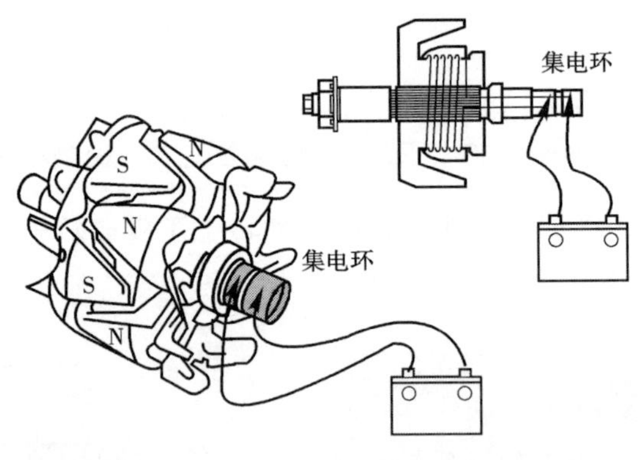

图 3-27 测量转子导通性

小词典

直流发电机工作原理，如图 3-28 所示。线圈受到外部动力(箭头方向)的作用在磁场中转动，线圈有效工作边不断切割磁场磁力线而产生感应电动势和电流，将负载灯泡点亮，这就是典型的“磁”生“电”。反过来，如果磁场旋转，而将线圈固定在其周围，也可以产生电流。

小词典

交流发电机的工作原理，如图 3-29 所示。发电机的三相定子绕组（*A*、*B*、*C*）按一定规律分布在发电机的定子槽中，互相差 120°电角度。当转子旋转时，由于定子绕组与磁力线有相对的切割运动，所以在三相绕组中产生频率相同，幅值相等，相位互差 120°电角度的正弦电动势为 e_A、e_B 和 e_C。所以，交流发电机工作原理用简单的一句话说就是，线圈在变化的磁场中产生感应电动势。

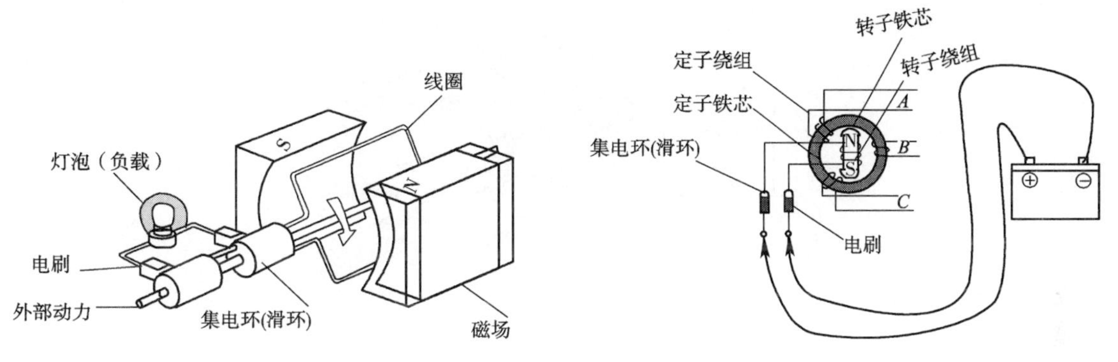

图 3-28 直流发电机简单原理图　　图 3-29 三相定子绕组

交流发电机磁路，其路径如图 3-30 箭头所示：磁轭→N 极→转子与定子之间的气隙→定子→定子与转子间的气隙→S 极→磁轭。转子磁极呈鸟嘴形，可使定子绕组感应的交流电动势近似于正弦曲线的波形。

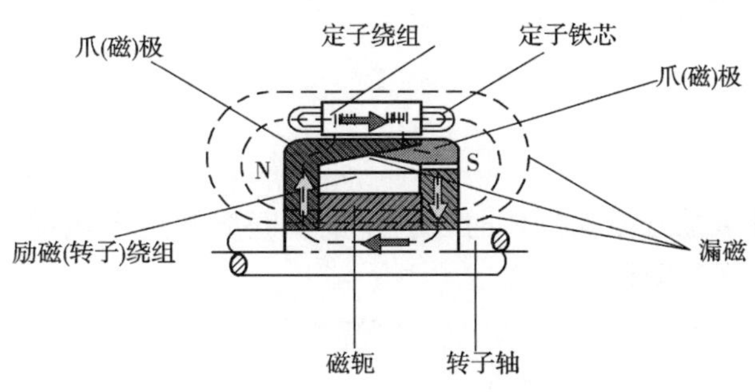

图 3-30 交流发电机磁路

(3) 检修转子轴。

检修转子轴的方法如图 3-31 所示，请你查阅丰田公司的相应维修手册，了解轴外圆与滑环的径向跳动误差应≤______ mm。否则应进行校正。

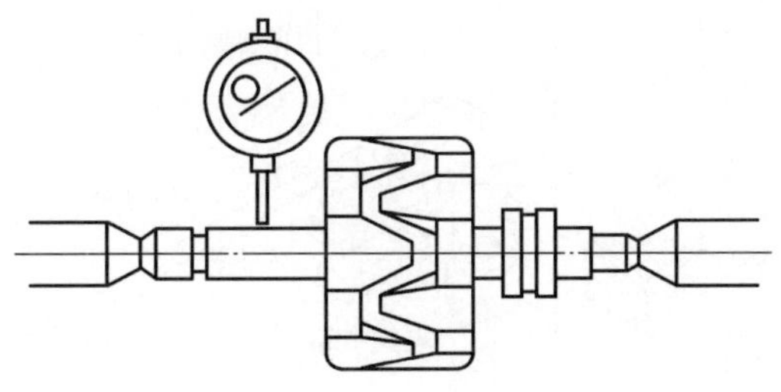

图 3-31 转子轴的检查

小词典

在交流发电机中，可以用百分表检查轴的直线度(图3-31)，通常情况下，直线度误差应不超过0.05mm(径向圆跳动误差不超过0.1mm)，否则应予校正。

(4)检修滑环。

如图3-32所示，用游标卡尺测量滑环的外径。

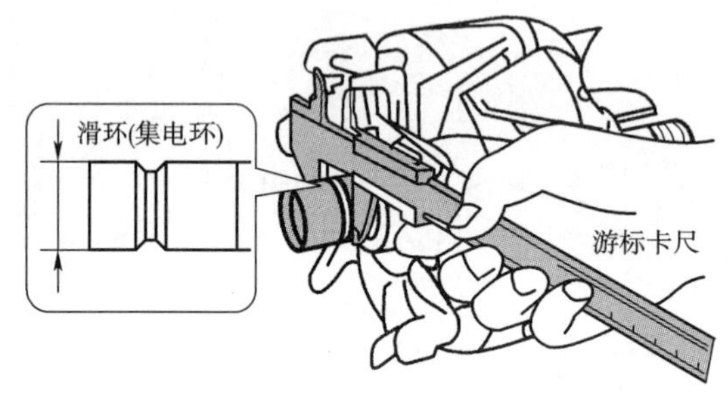

图3-32　测量滑环外径

滑环的圆柱度误差不得超过0.025mm，滑环表面有轻微烧蚀可用“00”号砂纸打磨，有严重烧蚀的要在车床上精车加工或更换。沿环的厚度小于1.5mm应予更换。

旋转时滑环和电刷接触，使电流产生流动。因此，当滑环的外径小于规定值时，滑环和电刷之间的接触不足，有可能影响电流环流的平稳。结果，可能降低发电机的发电能力，影响发电机输出功率。

小提示

当发电机的定子线圈或励磁线圈损坏时，若能找到匹配的定子线圈或励磁线圈，可单独将其更换，否则应整体更换发电机。

3)检修电刷组件

应该在电刷中部测量电刷的长度，因为此处磨损最严重。请查阅丰田公司相应维修手册，电刷标准露出长度为______ mm，最小露出长度为4.5mm，如图3-33所示。

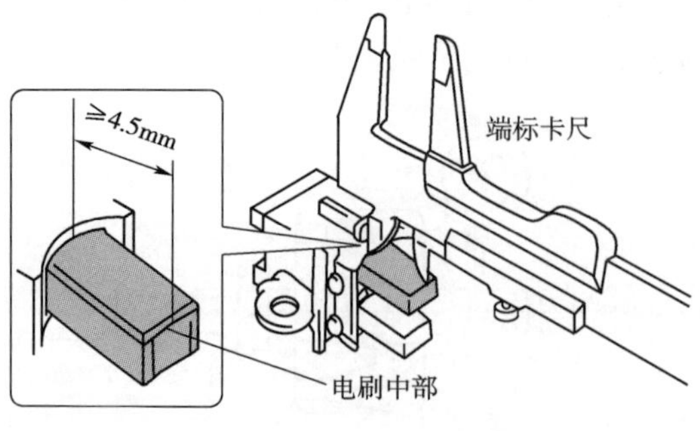

图3-33　电刷长度的检测

小提示

电刷接触滑环，当滑环旋转时接通电流。因此，当电刷的长度短于规定值时，接触会恶化，影响电流的流动。因此，发电机的发电性能下降。

小词典

电刷组件由两只电刷、电刷架和电刷弹簧组成。两只电刷装在电刷架的方孔内，借助电刷弹簧的压力与滑环保持接触，将电源通过滑环引入磁场绕组(又称励磁绕组)，给发电机提供励磁电流。

小词典

电刷架有两种结构，如图3-34 所示。一种是电刷架可直接从发电机外部拆装的(外装式)，因此维修方便；另外一种是不能直接从发电机外部拆装的(内装式)，若需更换电刷，需要将发电机拆开。

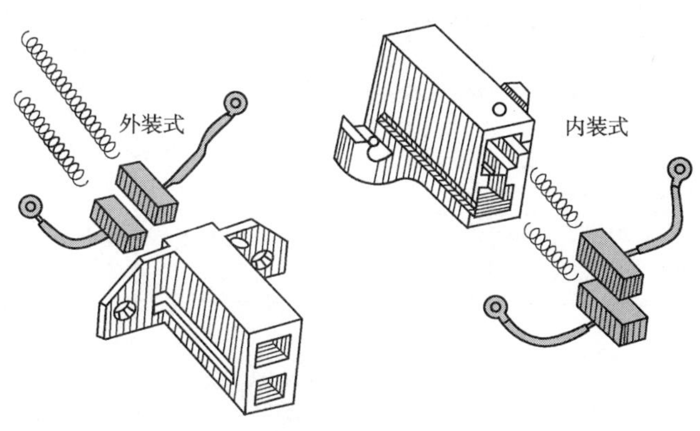

图3-34　电刷架的两种类型

4)检查整流器

(1)认识交流发电机整流器结构、组成和作用。

如图3-35 所示，汽车交流发电机的整流器，一般由三只正极管、三只负极管和铝质散热板(又称整流板)组成。整流器多数都有两块整流板，安装三只正极管的整流板称为正整流板，安装三只负极管的整流板称为负整流板。图3-35a)、c)是二极管在整流板中的安装方式，分别属于焊接和压装式，图3-35b)是正、负极管内部连接电路图。图中的B 端子，是发电机的“+极输出”端子，E 是发电机“-极搭铁”。

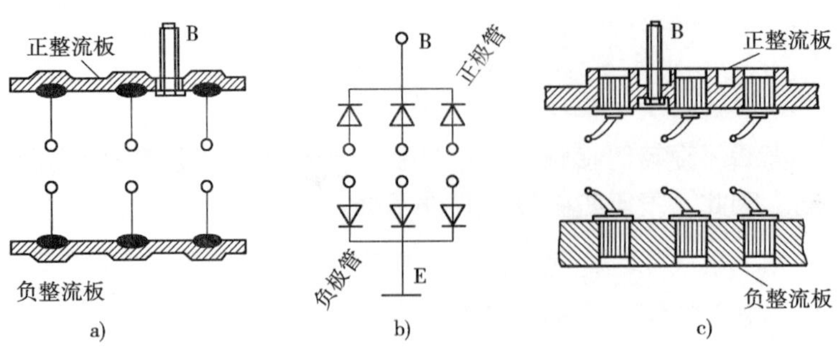

图 3-35　整流器整体构造示意图

小词典

引出电极为二极管正极，外壳为二极管负极的称为正二极管；引出电极为二极管负极，外壳为二极管正极的称为负二极管。

整流器的作用是将发电机定子绕组产生的三相交流电变换成直流电。整流器一般用硅型材料的整流二极管，其内部结构和工作原理与一般工业用硅整流二极管基本相同。

(2)结合丰田车型充电电路图(图 3-36)，检查整流器。

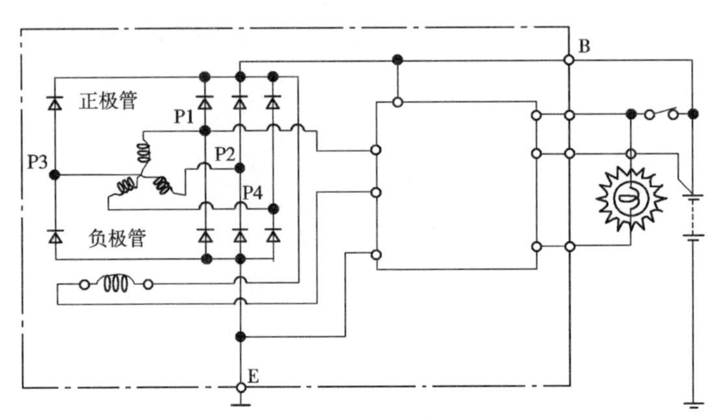

图 3-36　丰田车型充电电路图

①检查正极管侧整流二极管。

正向：使用数字式万用表的二极管挡时，可先将与万用表内电源负极相连接的测试表笔连接到整流器输出端子 B，并将另一个测试表笔分别连接到各正向二极管的整流器端子 P1、P2、P3、P4，如图 3-37a)所示，分别测量内部电场值，应为 P1：________V、P2：________V、P3：________V、P4：________V。

反向：将测试表笔交换后再次分别测量内部电场，应为________状态。

②检查负极管侧整流二极管。

正向：使用数字万用表的二极管挡时，先将与万用表内电源正极相连的测试表笔接到整流器负极(E)端子，并将另一测试表笔分别连接到各负向二极管的整流器端子 P1、P2、P3、P4，如图 3-37b)所示，分别测量内部电场值，应为 P1：________V、P2：________V、P3：________V、P4：________V。

反向：将测试表笔交换后再次分别测量内部电场，应为____________状态。

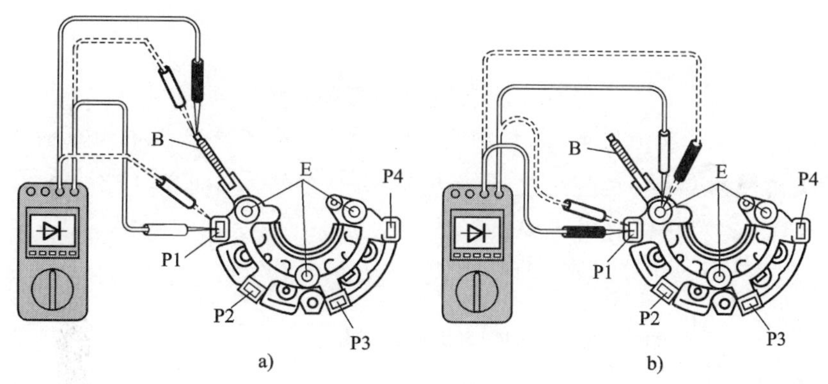

图 3-37　二极管测试

a）检查正极管侧整流二极管；b）检查负极管侧整流二极管

（3）发电机整流器工作原理

①如图 3-38 所示，二极管具有单向导电性。当给二极管加上正向电压时，二极管导通，当给二极管加上反向电压时，二极管截止。二极管的导通原则如下：当三只二极管负极端相连时，正极端电位最高者导通；当三只二极管正极端相连时，负极端电位最低者导通。

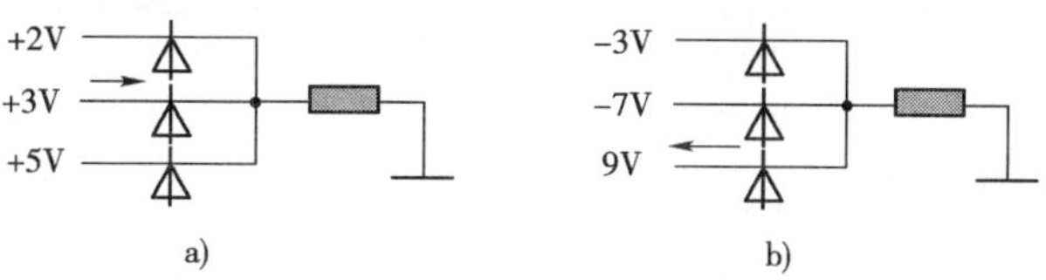

图 3-38　二极管导通性原理

a）正二极管；b）负二极管

②在交流发电机中，整流器就是利用硅二极管的单向导电性能进行整流的。在三相桥式全波整流电路中，三个正二极管的正极引出线分别同三相绕组的首端相连。在某一瞬间，只有与电位最高的一相绕组相连的正二极管导通。同样，三个负二极管的引出线也同三相绕组的首端相连。在同一瞬间，只有与电位最低的一相绕组相联的负二极管导通。这样反复循环，6 只二极管轮流导通，在负载两端便得到一个较平稳的脉动直流电压。

图 3-39 为 6 只二极管组成的三相桥式全波整流电路及产生的电压波形图。

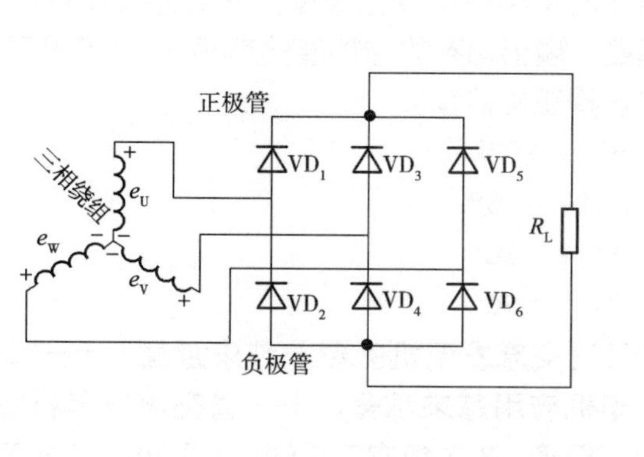

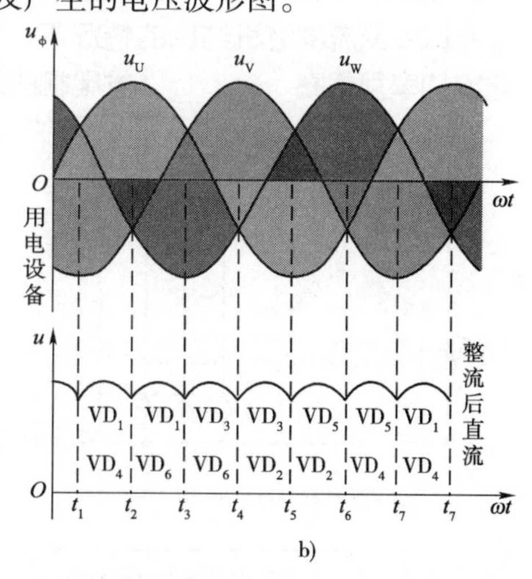

图 3-39　三相桥式全波整流电路及产生的电压波形图

a）三相桥式全波整流电路；b）三相交流电波形图

学习拓展

多管交流发电机的有关知识

典型(丰田公司)八管交流发电机(如图3-40所示)，交流发电机中性点的平均电压一般是发电机输出直流电压(DC)的________。中性点不仅有直流电压(DC)，还有交流电压(AC)部分。(请从下列选项中选择正确答案)

A. 1/5　　B. 1/4　　C. 1/3　　D. 1/2

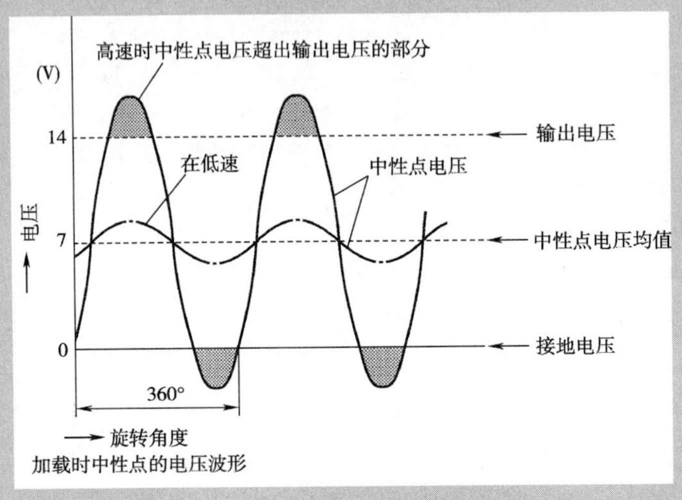

图3-40　中性点电压波形和工作特性(输出特性)比较

小词典

中性点是指交流发电机中三相定子线圈的末端连接的点。

交流发电机的定子线圈星型连接，可将中性点处的电压变化，增加到交流发电机的电压输出上。在输出端子(B)、定子线圈中性点和地线(E)之间增加两个中性点二极管，称为八管交流发电机，如图3-41所示。这两个二极管也安装在整流器架上。

在不改变交流发电机结构的情况下，只要增加两个中性点硅二极管，发电机在5000r/min时，输出功率可提高________，发电机的转速越高，输出功率的增加值就越明显。(请从下列选项中选择正确答案)

A. 5% ~10%

B. 11% ~15%

C. 15% ~30%

D. 21% ~30%

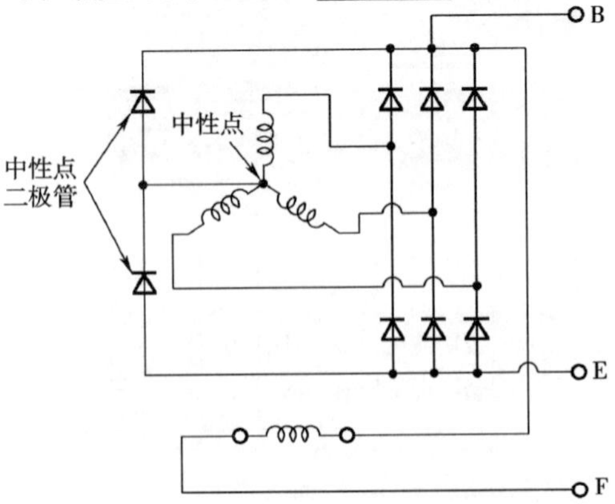

图3-41　使用中性点二极管的交流发电机电路

随着对交流发电机的要求越来越高，十一管的交流发电机应用越来越多。十一管交流发电机由3个正向二极管、3个负向二极管、3个磁场二极管和2个中性点二极管组成，综合了八管与九管交流发电机的特点和作用。

图3-42为具有8个主二极管和3个磁场二极管的交流发电机的完整电路。图中画出电压调节器和交流发电机电路中的充电指示(报警)灯，充电指示灯除了有充电系统故障报警作用外，还具有在他励方式时对转子线圈提供励磁电流的作用。

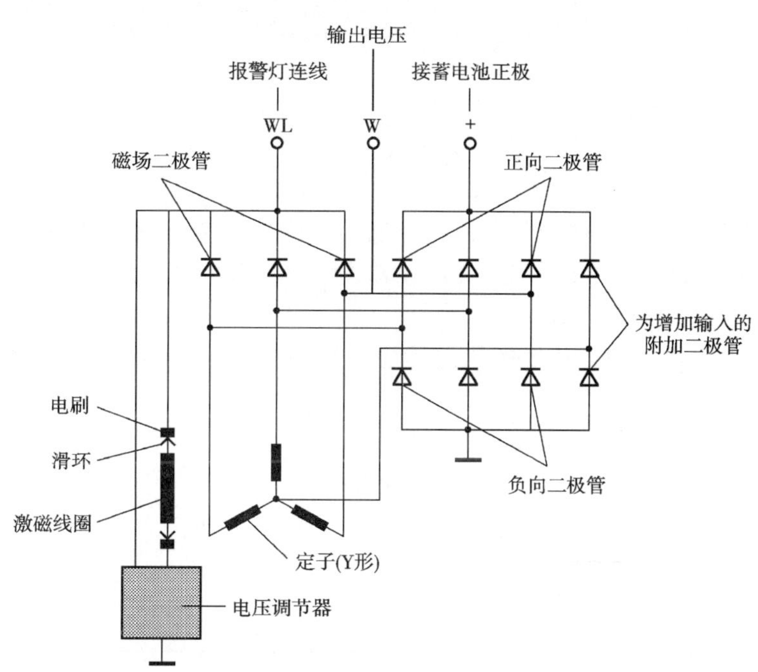

图3-42 交流发电机的电路图

当交流发电机在磁场二极管中产生输出电流后，充电指示灯两端的电压相等(灯泡两侧的电位差为0V)，充电指示灯就会熄灭。

5)检测IC电压调节器

由于交流发电机的转子是由发动机通过传动带驱动旋转的，且发动机和交流发电机的速比为1.7~3，因此交流发电机转子的转速变化范围非常大，这样将引起发电机的输出电压发生较大变化，无法满足汽车用电设备的工作要求。为了满足用电设备恒定电压的要求，交流发电机必须配用电压调节器，使其输出电压在发动机所有工况下基本保持恒定。

为确定是交流发电机有故障，还是IC电压调节器有故障，可对IC电压调节器进行检测。由于IC电压调节器是用环氧树脂封装或塑料模压制成为全密封的结构，因此，损坏或失调后，只能________新件，而________修复或调整，故只需检测电压调节器的好坏。

(1)整体式交流发电机接线(图3-43)。

①在蓄电池正极和交流发电机“L”连接端子之间串联一只5A电流表，也可用12V、20W车用灯泡代替。

②“IG”端子通过导线接至点火开关K。

③将可调直流稳压电源的“+”极接至交流发电机的“S”端子。

④可调直流稳压电源的“-”极与发电机“E”(外壳搭铁)连接。

(2)检测IC电压调节器。

①接好线路后，闭合开关K。

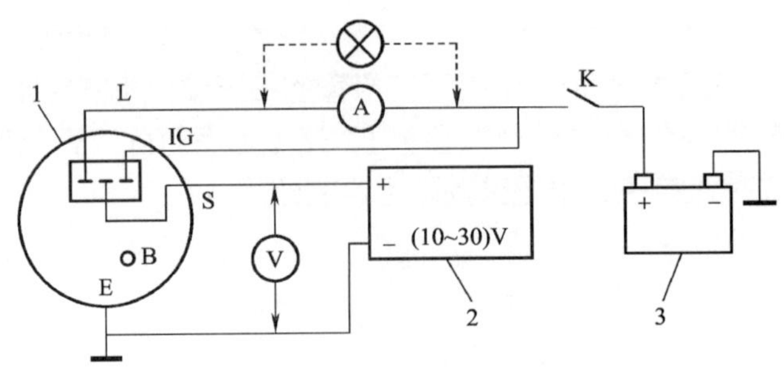

图 3-43 IC 电压调节器检查

1-交流发电机；2-可调直流稳压电源；3-蓄电池

②调节直流稳压电源，使电压缓慢升高，直至电流表读数为零或测试灯泡熄灭，此时直流稳压电源显示的电压就是IC电压调节器的调节电压值。如果该值在13.5～15.1V的范围内，说明电压调节器________，否则说明该IC电压调节器有__________。

通过对IC电压调节器的检测，从发电机总体方面决策，可能会有哪三种维修方案？你是如何决策的？

请将上述的测量值和分析结论记录在表3-2中。

调压器测量结果 表3-2

名　　称	检测结果		
	标　准　值	测　量　值	是否更换
定子线圈通断			
定子线圈绝缘			
滑环直径			
滑环与电刷配合			
转子轴			
转子线圈通断			
转子线圈绝缘			
电刷长度			
弹簧压力			
正极管			
负极管			

小词典

电压调节器的分类，交流发电机电压调节器按工作原理可分为：

(1)触点式电压调节器：触点式电压调节器应用较早，现已被淘汰。

(2)电子晶体管电压调节器：其优点是三极管的开关频率高，且不产生火花；调节精度高，还具有质量轻、体积小、寿命长、可靠性高、电波干扰小等，现广泛应用于多种中低档车型。

(3)IC(集成电路)电压调节器：除具有晶体管调节器的优点外，还具有超小型，安装于发电机的内部(又称内装式调节器)，减少了外接线，并且冷却效果得到了改善，现广泛应用于桑塔纳、奥迪和丰田等多种轿车车型上。

(4)电脑控制电压调节器：电脑控制调节器是现在轿车采用的一种新型调节器，由电负载检测仪测量系统总负载后，向发电机电脑发送信号，然后由发动机电脑控制发电机电压调节器，适时地接通和断开磁场电路，即能可靠地保证电气系统正常工作，使蓄电池充电充足，又能减轻发动机负荷，提高燃料经济性。如上海别克、广州本田等轿车发电机上使用了这种调节器。

6)思考题

结合上述知识点，并查阅学习资料和维修手册，请思考汽车充电系统具有哪些功能？并完成下列填空。

在发动机停机或发电机不发电时，蓄电池向起动系统和____________供电。

如图3-44所示，交流发电机在发动机怠速以上运转时，可向除起动系统之外的所有用电设备________，并对蓄电池________。

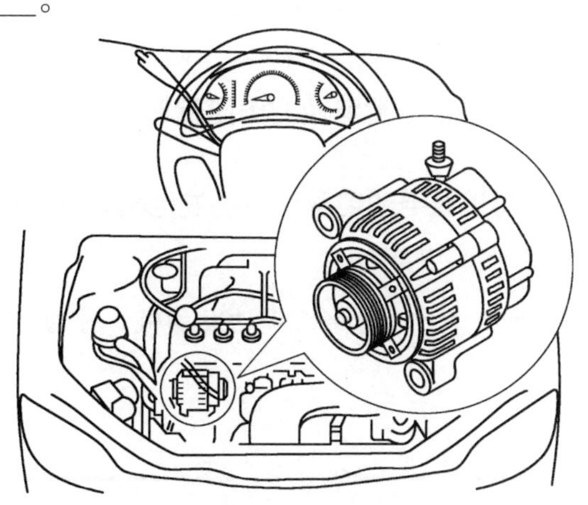

图3-44　交流发电机

如图3-45所示，IC电压调节器装在交流发电机内，当发电机的负载和发动机的转速正常变化时，将发电机的________调节在规定范围内。

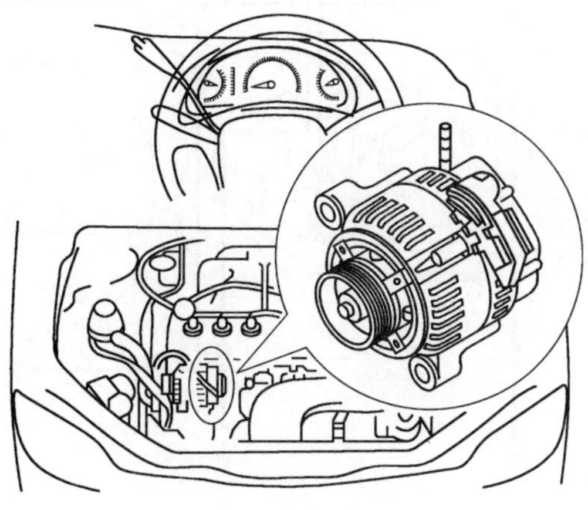

图3-45　IC电压调节器

充电指示灯位于仪表盘上，如图 3-46 所示。如果充电指示灯点亮时，表示励磁线圈由蓄电池________或充电系统有________。

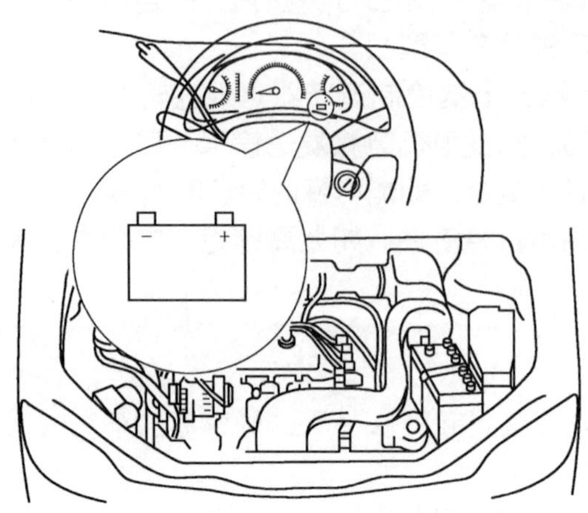

图 3-46 充电指示灯

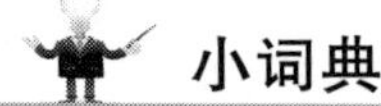

小词典

他励方式是指发电机产生的电压比蓄电池的电压低时，由蓄电池向转子线圈供给励磁电流的方式。

自励方式是指发电机电压超过蓄电池电压时，由发电机向转子线圈供给励磁电流的方式。

如图 3-47 所示，点火开关用于________电路，起动发动机，并通过传动带装置将机械能传送给发电机的转子，使发电机发电。

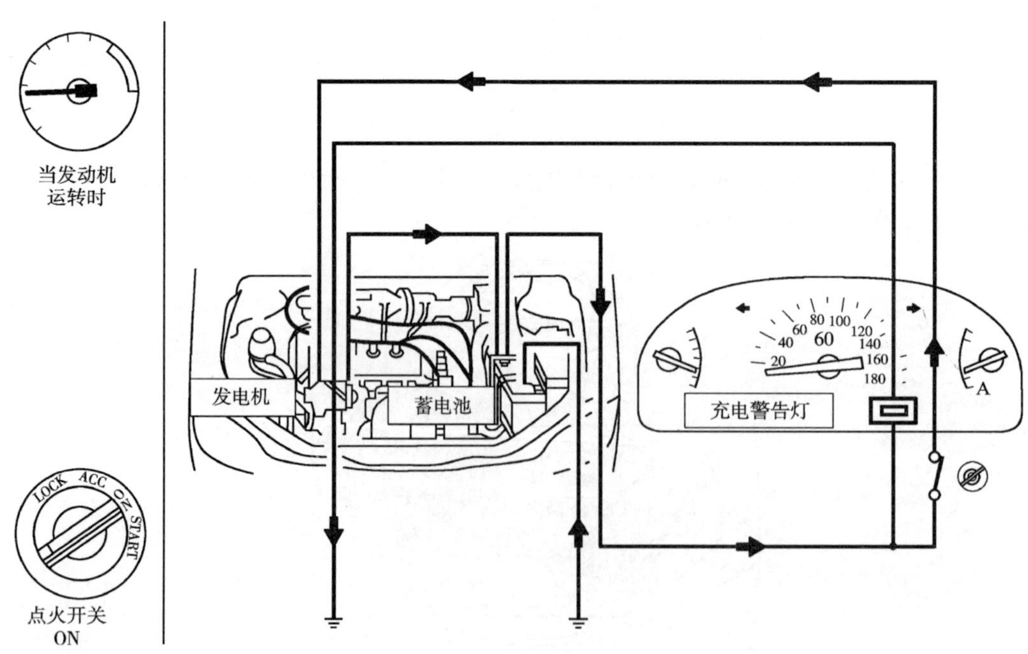

图 3-47 点火开关

小词典

标准行驶周期是指发动机在低转速(高峰)时段，并且发电机处于充电电流很小(冬季)时的行驶状态。

＊4. 整体式交流发电机装复。

(1)装复发电机转子总成，如图3-48、图3-49箭头所示。

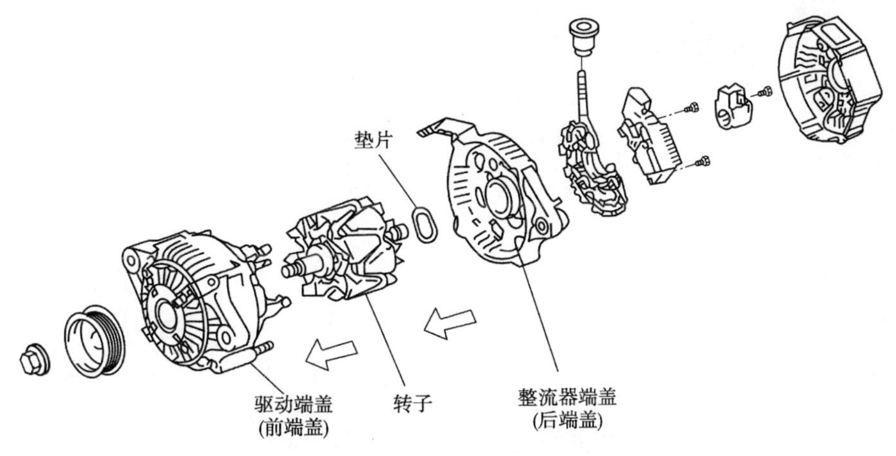

图3-48　安装发电机转子总成箭头顺序图

小提示

装复发电机转子总成时，应注意用胶锤和垫木，如图3-49所示。

小提示

装复整流器架之前，应将4个橡胶绝缘体装到定子线圈的引线端，如图3-50所示。

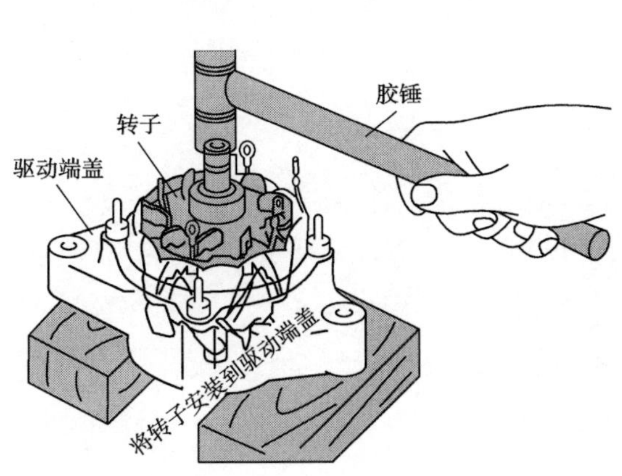

图3-49　正确使用工具装复转子总成

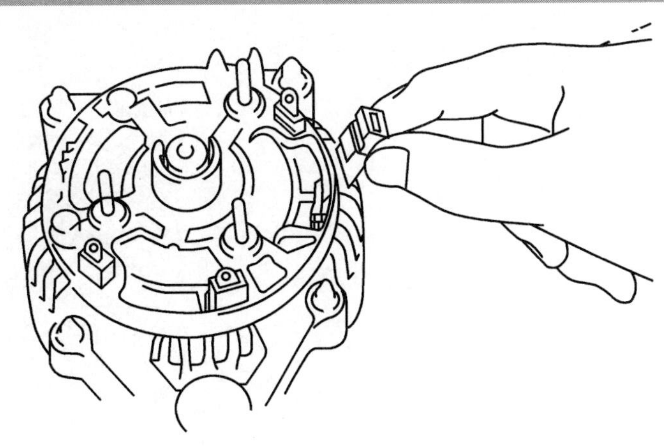

图3-50　安装4个橡胶绝缘体

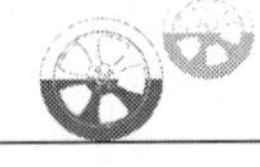

(2)装复整流器，如图 3-51 所示。

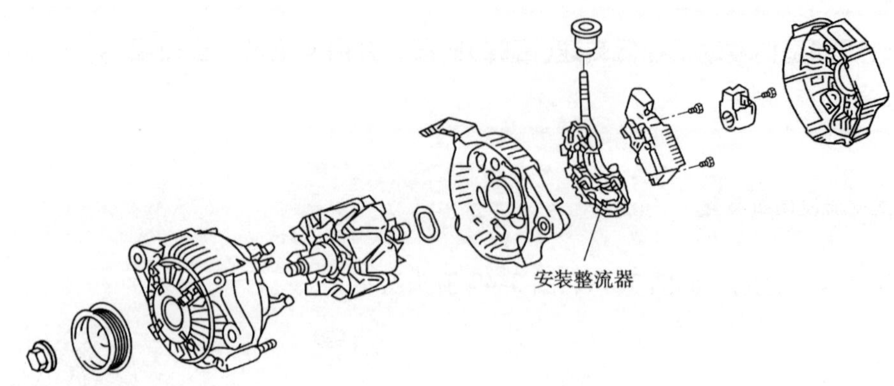

图 3-51 整流器装复步骤

(3)装复发电机调节器总成，如图 3-52 所示。

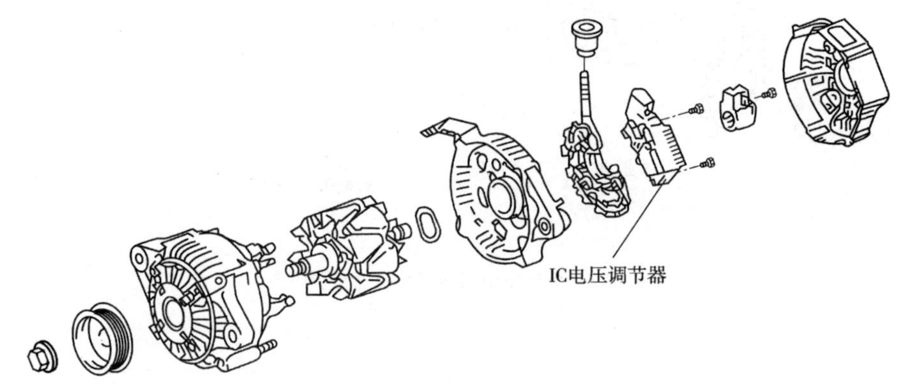

图 3-52 调压器总成装复步骤

如图 3-53 所示，装复发电机电刷座时，用最小的平头螺丝刀，将电刷压入电刷座，将电刷座套装到滑环上。拉出螺丝刀，目视检查电刷与滑环贴合良好。

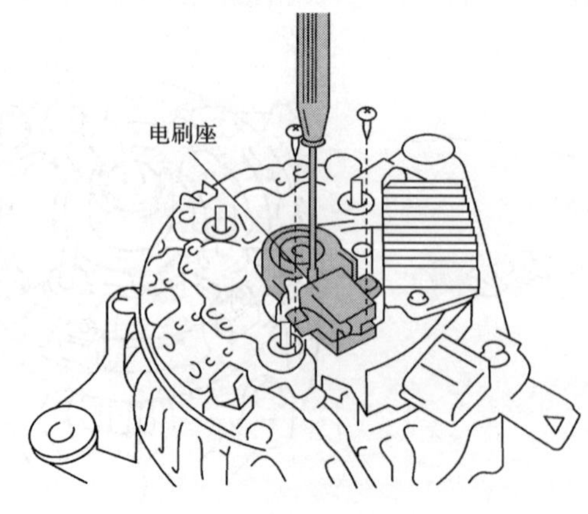

图 3-53 安装电刷座

小提示

由于电刷比螺丝刀柔软，电刷容易被损坏。为防止损坏，在螺丝刀的末端包一些聚氯乙烯绝缘带。

(4)装复发电机电刷座总成，如图3-54所示。

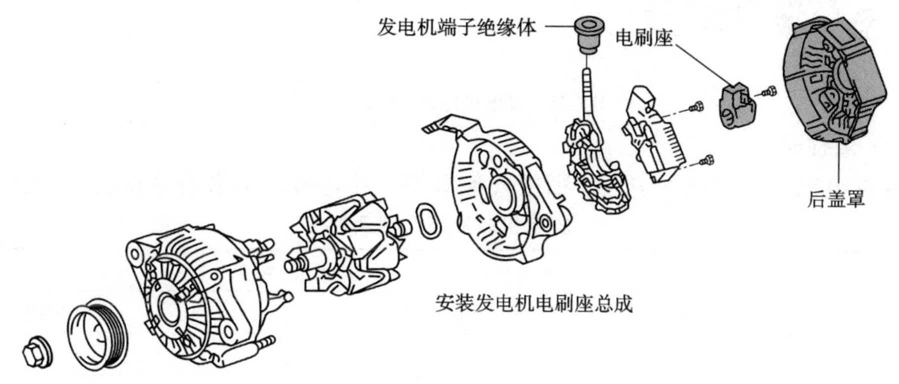

图3-54　电刷座总成装复步骤

小提示

拧紧5个螺钉直到使电刷架罩和接插件之间有≥1mm的间隙，如图3-55所示。

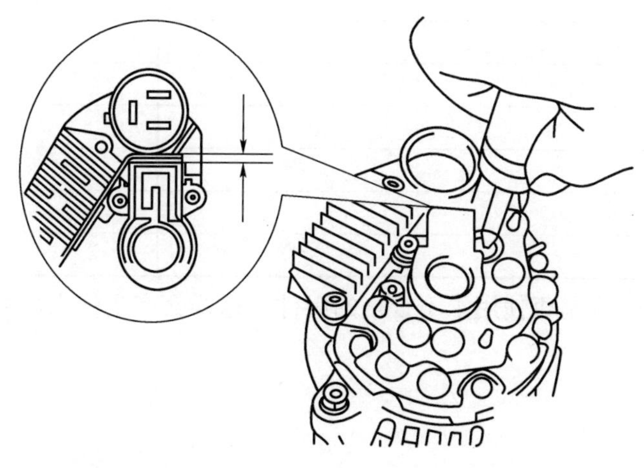

图3-55　拧紧5个螺钉

(5)装复发电机传动带轮，如图3-56所示。

图 3-56　发电机传动带轮装复步骤

(6)转子动平衡检验。

请你在装复发电机的工作过程中，仔细检查各组件，并将检查结果填写在表 3-3 中。

发电机装复组件检查表　　表 3-3

检查项目	检查结果		
	外观状态	安装效果	可否正常使用
定子			
转子			
后端框架			
橡胶绝缘体			
整流器架			
IC 电压调节器			
电刷架			
后端盖			
传动带轮			
螺钉			
螺母			
前轴承			
后轴承			
转子动平衡			

在发电机装复过程中，你是否使用了不合格的组件，这样会产生什么后果？

***5. 整体式交流发电机装复后，需空载和满载性能试验以判断装配质量。**

1)空载性能试验

(1)检查试验台。

(2)停电安装发电机，连接电路如图 3-57 所示。

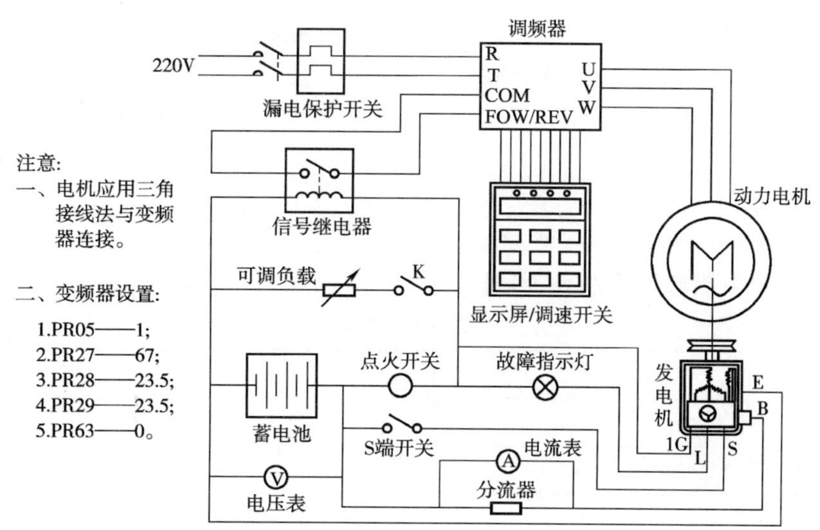

图3-57　整体式交流发电机试验电路

(3)连接电缆。

连接电缆后，应仔细检查，并将检查结果和采取措施记录在表3-4中。

电缆连接检查表　　表3-4

名　称	连接正常	连接错误	采取措施
端子B			
蓄电池			
三极连接器			

(4)试验开关K断开。

(5)接通调频器电源。

(6)接通点火开关。

(7)调高发电机转速。

起动拖动电动机，缓慢调高发电机转速，将充电指示灯的状态填写在表3-5中。

空载试验时的充电指示灯状态表　　表3-5

名　称	状　况		说　明
充电指示灯	亮	熄灭	

(8)测量电压、电流、转速。

请将测量数据和分析结果填写在表3-6中。

空载试验时的电压、电流、转速测量记录表　　表3-6

项　目	电　流		电　压		转　速	
	规定值	测量值	规定值	测量值	规定值	测量值
空载测试						
分析结果						

当调高发电机转速至充电指示灯________时，电流应达到规定值，发电机转速(即空载转速)应________标准值。(请从下列选项中选择正确答案)

A. 由灭变亮　　B. 由亮变灭　　C. 大于　　D. 小于或等于

2)满载性能试验

(1)确保空载测试成功。

(2)检查相关项目。

请将检查结果和采取措施填写在表3-7中。

相关项目检查表　　表3-7

项　目	正确位置	有故障	采取措施
断开电源			
负载R调至最大			
接通调频器电源			
接通点火开关			

(3)调高发电机转速。

缓慢调高发电机转速，将充电指示灯的状态和说明填写在表3-8中。

满载性能试验时充电指示灯状态表　　表3-8

观察项目	状　况		说　明
充电指示灯	亮	熄灭	

(4)接通开关K。

(5)增大电流和转速到额定值。

查阅使用手册，调节负载电阻R，使发电机达到额定电流值。同时，调节发电机的转速，使输出电压保持为标准试验电压值(查相应维修手册)。

(6)测量电压、电流、转速。

请将测量数据和分析结果填写在表3-9中。

满载性能试验时的电压、电流、转速测量记录表　　表3-9

项　目	电　流		电　压		转　速	
	标准值	测量值	标准值	测量值	标准值	测量值
满载测试						
分析结果						

观测输出电压和电流达到额定值时的相应________，若满载转速________额定转速，说明发电机性能降低或存在故障，需返工维修发电机。(请从下列选项中选择正确答案)

A. 负载　　B. 转速　　C. 大于　　D. 小于或等于

通过上述进行发电机空载和满载性能试验，将测量值与标准值进行比较分析，你可得出那些结论？

(1)

(2)

(3)

三、评价反馈

1)学习自测

(1)交流发电机的(　　)作用是产生三相交流电。

A. 转子总成　　B. 定子总成　　C. 硅整流器　　D. 电刷组件

(2)交流发电机的三相定子线圈连接成(　　)形式，可在低转速时产生较高的电压。

A. 串联　　B. 星形　　C. 并联　　D. 三角形

(3)交流发电机中，下列(　　)部件会产生旋转磁场。

A. 定子线圈　　B. 电刷　　C. 转子线圈　　D. 滑环

(4)交流发电机中防止蓄电池的反向电流的电器元件为(　　)。

A. 电刷　　B. 电压调节器　　C. 整流器　　D. 励磁线圈

(5)硅整流发电机中性点的电压为直流输出电压的(　　)。

A. 1/2　　B. 1/3　　C. 1/6　　D. 1/4

(6)交流发电机的整流电路采用(　　)整流电路。

A. 三相桥式全波　　B. 单相桥式　　C. 三相半波　　D. 单相半波

(7)交流发电机的输出特性表明它具有自动限制(　　)能力。

A. 电流的自我保护　　B. 电压的自我保护

C. 电位的自我保护　　D. 短路的自我保护

(8)交流发电机的空载输出特性表明，当转速一定时，转子的励磁电流增大到磁饱和状态时，则空载输出电压呈(　　)状态。

A. 上升　　B. 下降　　C. 饱和　　D. 没有

(9)交流发电机的外部负载特性表明，当励磁电流和转速一定时，随着输出电流增大，输出的电压会(　　)。

A. 上升　　B. 没有　　C. 保持恒定　　D. 下降

(10)滑环和电刷的作用是把(　　)接到转子上，另外滑环与滑环、滑环与转轴之间是(　　)的。

A. 励磁电流　　B. 导通　　C. 励磁电压　　D. 绝缘

2)维修信息获取练习

查阅相关资料，了解交流发电机的工作寿命；同时思考你在更换或修理交流发电机时，主要考虑哪些因素？选择或填写正确的答案。

(1)更换或修理交流发电机，取决于发电机的________、修理的________和________、顾客的要

求等。(请从下列选项中选择正确答案)

A. 转速　　B. 时间　　C. 类型

D. 价格　　E. 习惯

(2)很多新型发电机是________修理的，应当更换新的或翻新的发电机。

轿车的发电机采用密封轴承，其寿命为__________~600000km 汽车行驶路程。(请从下列选项中选择正确答案)

A. 100000km　　B. 150000km　　C. 200000km　　D. 250000km

(3)当发动机大修时，如果发电机与发动机的寿命一致，即使发电机轴承的润滑油________，但交流发电机也没有维修的必要。

(4)因励磁线圈的电流较小，即使滑环与电刷是在脏污和缺少润滑脂的情况下工作，所引起的__________也会很小。

3)学习目标达成度的自我检查(表 3-10)

自 我 检 查 表　　表 3-10

序号	学 习 目 标	达成情况(在相应的选项后打“√”)		
		能	不能	如果不能，是什么原因
1	叙述汽车大修项目的定义、步骤及发电机大修程序			
2	叙述交流发电机整体结构、工作原理及其工作特性			
3	制订发电机解体维修的计划			
4	实施计划，根据工作要求，独立或合作完成发电机解体维修、装复及性能测试			
5	将检查数据与标准值比较，确保发电机解体维修质量			
6	运用所学知识和经验，合作制定实施发电机其他故障解体维修的计划			

4)日常表现性评价(由小组长或者组内成员评价)

(1)工作页填写情况。(　　)

A. 填写完整　　B. 缺失 0~20%　　C. 缺失 20%~40%　　D. 缺失 40%以上

(2)工作着装是否规范?(　　)

A. 穿着校服(工作服)，佩戴胸卡　　B. 校服或胸卡缺失一项

C. 偶尔会既不穿校服又不戴胸卡　　D. 始终未穿校服、佩戴胸卡

(3)能否主动参与工作现场的清洁和整理工作?(　　)

A. 积极主动参与 5S 工作

B. 在组长的要求下能参与 5S 工作

C. 在组长的要求下能参与 5S 工作，但效果差

D. 不愿意参与 5S 工作

(4)升降汽车举升器或起动发动机时，有无进行安全检查并警示其他同学?(　　)

A. 有安全检查和警示

B. 有安全检查无警示

C. 无安全检查，无警示

(5)是否达到全勤？(　　)

A. 全勤　　B. 缺勤0～20%(有请假)

C. 缺勤0～20%(旷课)　　D. 缺勤20%以上

(6)总体印象评价。(　　)

A. 非常优秀　　B. 比较优秀　　C. 有待改进　　D. 急需改进

(7)其他建议：

小组长签名：________　________年________月________日

5)教师总体评价

(1)对该同学所在小组整体印象评价。(　　)

A. 组长负责，组内学习气氛好

B. 组长能组织组员按要求完成学习任务，个别组员不能达成学习目标

C. 组内有30%以上的学员不能达成学习目标

D. 组内大部分学员不能达成学习目标

(2)对该同学整体印象评价：

____

____

____。

教师签名：________　________年________月________日

学习任务4 起动机就车检查与更换

学习目标

完成本学习任务后，你应当能：

1. 制订起动机就车检查与更换的计划；
2. 实施计划，按专业要求独立或合作完成起动机的就车检查与整体更换；
3. 将检查数据与标准值比较，确保起动机就车检查与更换的工作质量；
4. 认读现代汽车起动系统电路图，分析不能起动的常见故障原因。

建议完成本学习任务为12学时

学习内容的结构

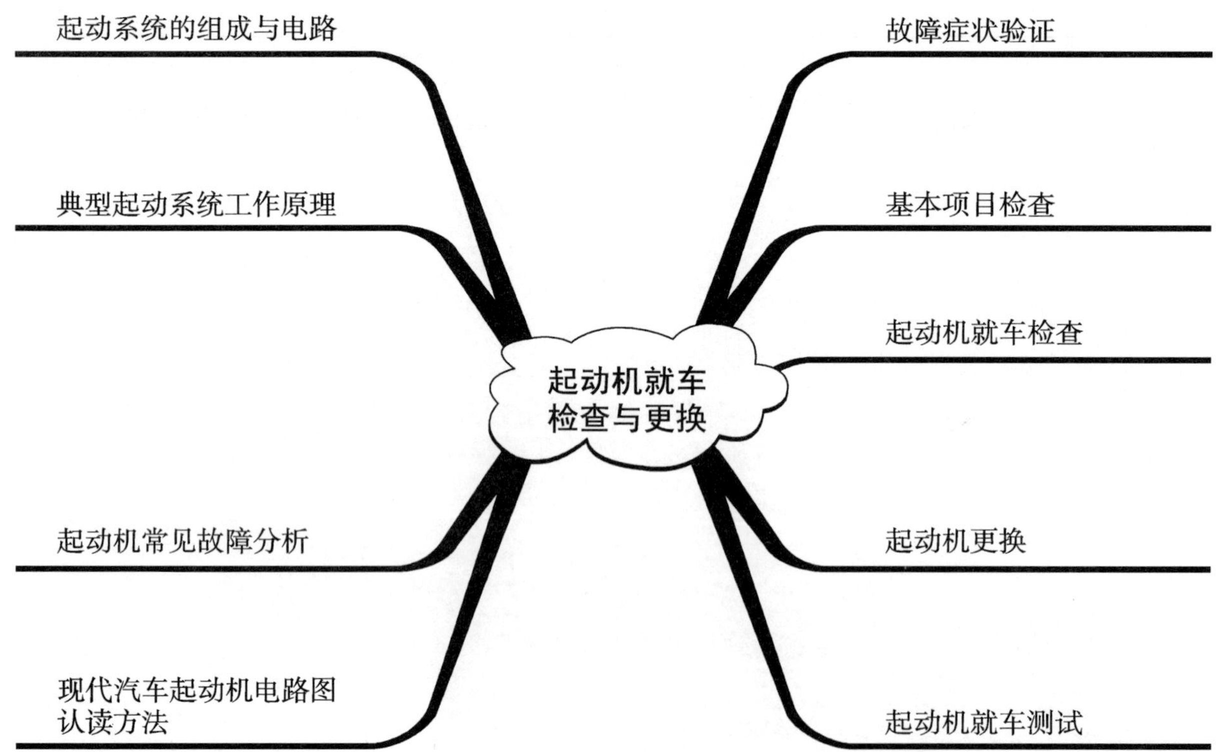

学习任务描述

按照专业水平对起动机进行就车检查，针对检查的结果或有关现象，征得用户同意更换起动机，解决起动机不能转动的问题。

案例分析

一位客户将一辆丰田威驰轿车送到维修站，反映这辆汽车的点火开关置于“起动”挡位时，起动机不能转动。

根据客户介绍的故障症状，维修技师对起动系统进行目检，并对起动机进行就车检查。通过检查，起动系统的电源电路和控制电路无故障，但发现起动机老化，判断是起动机引起的故障，因此提出更换起动机的建议。

通过本案例可以看出，起动系统的电源电路、控制电路和起动机的任何组件，如果出现工作异常，都会导致起动机不能转动的故障。

汽车发动机本身不能自行起动，它必须借助外力来带动曲轴旋转，之后发动机电脑配合点火和喷油，使发动机进入正常工作状态，完成发动机由静止到工作的过程，这就是发动机的起动。

电力起动可利用起动机通电旋转带动曲轴转动。电力起动系统具有结构简单、操作方便、起动迅速和远距离控制等优点，因而在汽车上得到广泛运用。如果确认故障在起动系统，应该按专业维修人员的修车理念，有计划、有步骤地对起动机进行就车检查，解决那些最迫切和最关键的问题，完成起动机更换的工作。

一、学习准备

＊1. 发动机不能起动，小组讨论，常见有哪些原因？如何快速判断下列选项哪些是起动系统的故障？(　　　　)（多选题）

A. 点火开关转到 start 时，起动机运转，起动机响声清脆，但发动机不能起动

B. 点火开关转到 start 时，起动机根本不响，发动机不能起动

C. 点火开关转到 start 时，起动机响声很弱，发动机不能起动

D. 点火开关转到 start 时，起动机响一下，之后没有声音，发动机不能起动

发动机不能起动，如何是起动系统之外的故障，可能是哪些系统出现问题？你是如何判断区分的？

＊2. 汽车起动系统由哪几部分组成？各部分的作用是什么？

图 4-1 所示的起动系统，主要由 1-点火开关；2-________；3-驱动齿轮；4-________；5-蓄电池等组成。

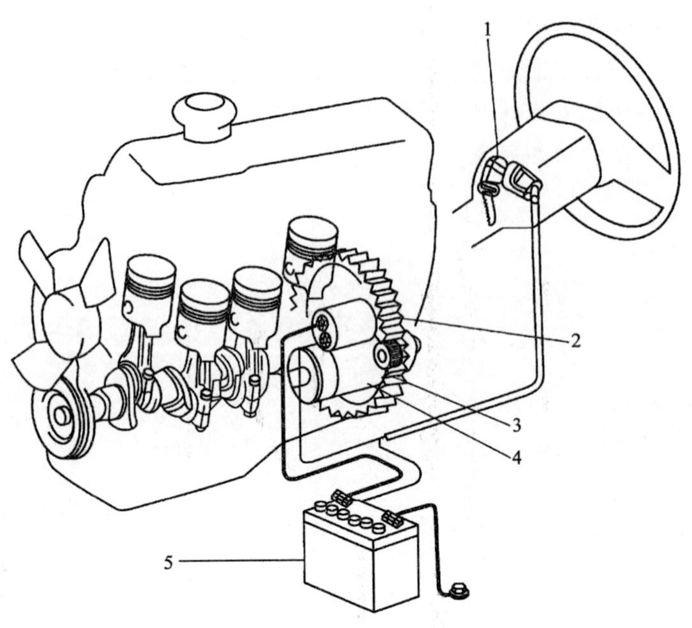

图 4-1　起动系统的组成

图 4-2 所示为起动系统线路图，主要包括：1-点火开关；2-__________；3-________________；4-端子 50；5-端子 30；6-直流电动机；7-蓄电池；8-熔断丝等。

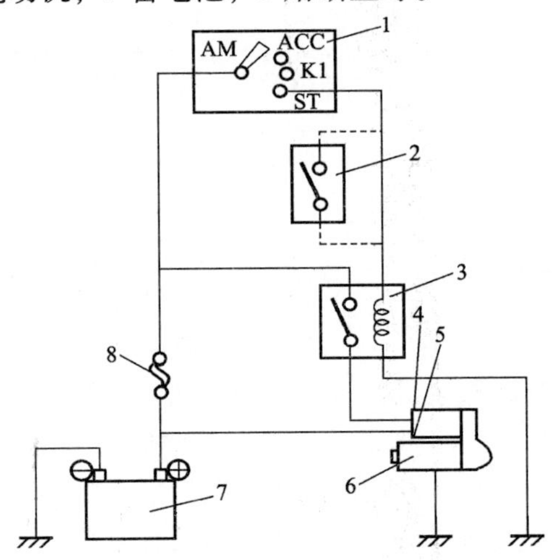

图 4-2　起动系统线路图

二、计划与实施

＊3. 起动机是起动系统的重要组成，请根据维修手册在车辆上找到起动机的安装位置。

起动机接受来自蓄电池的电能，然后将________能转化为________能，并通过驱动齿轮传递给发动机的飞轮。

(1)查阅资料，请根据图 4-3 填写以下空格：

1-__________；2-驱动机构；3-控制机构(电磁开关)；4-__________；5-__________；6-端子 C。

（2）准备一个新起动机和几根跨接线，请做几个测试，并填写测试结果。

①将起动机端子50与蓄电池正极连接，端子C和搭铁与负极连接（图4-4），你看到电磁开关中的铁芯如何运动？拨叉和驱动齿轮如何运动？

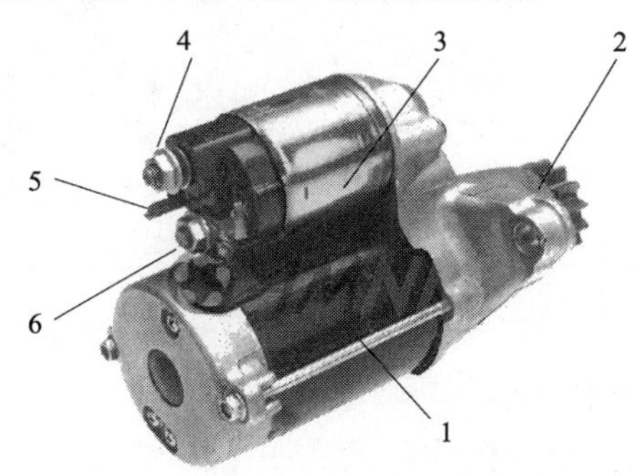

图4-3　起动机外观图

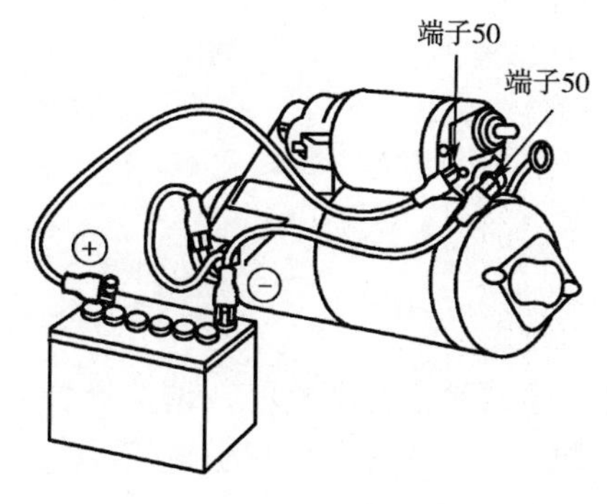

图4-4　起动机的牵引测试

测试结果：

②在牵引测试的基础上，将连接负极的端子C松掉（图4-5），铁芯会返回吗？拨叉和驱动齿轮会返回吗？

测试结果：

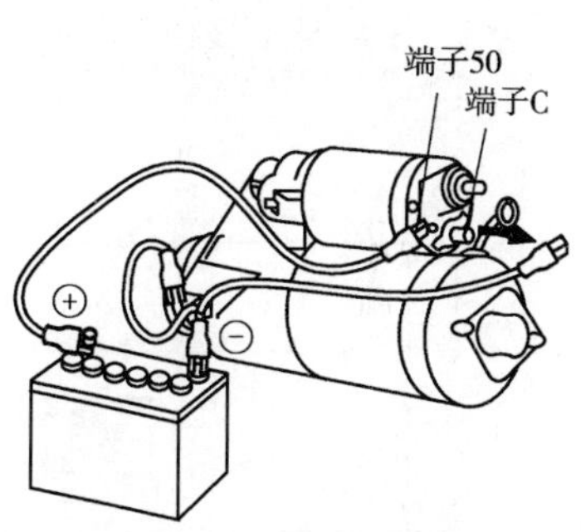

图4-5　起动机的保持测试

③在保持测试的基础上，将连接负极的搭铁也松掉（图4-6），铁芯会返回吗？拨叉和驱动齿轮如何运动？

测试结果：

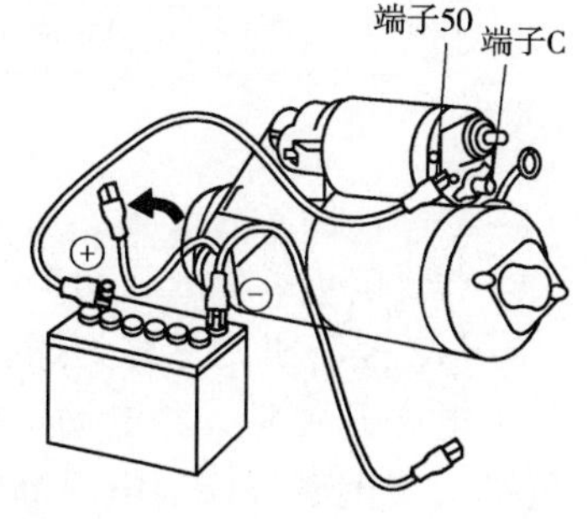

图4-6　起动机驱动齿转返回测试

④将端子 30 与蓄电池正极连接(提示：此连接用截面较粗的大电流电缆线)，端子 50 与正极连接(图 4-7)，起动机壳体与负极连接，直流电动机能转动吗？用电流钳测量其起动电流。

测试结果：

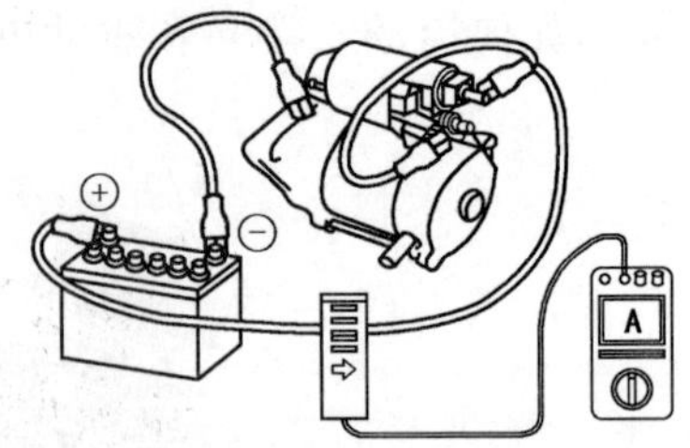

图 4-7　起动机无负荷测试

(3)通过上述试验，查阅资料，请选择各元件有什么作用？

直流电动机(　　)；控制机构(电磁开关)(　　)；驱动机构(　　)；端子 30(　　)；端子 50(　　)；端子 C(　　)。

A. 起动大电流连接端子

B. 电磁开关控制线连接端子

C. 电磁开关和直流电动机连接端子

D. 将蓄电池输入的电能转换为机械能，产生电磁转矩

E. 用来接通和断开电动机与蓄电池之间的电路

F. 在发动机起动时使起动机轴上的驱动齿轮啮入飞轮齿圈，将起动机的转矩传递给发动机曲轴；在发动机起动后又能使起动机驱动齿轮与飞轮齿圈自动脱开

***4. 认读起动系统电路图(图 4-8)，叙述起动机的工作原理。**

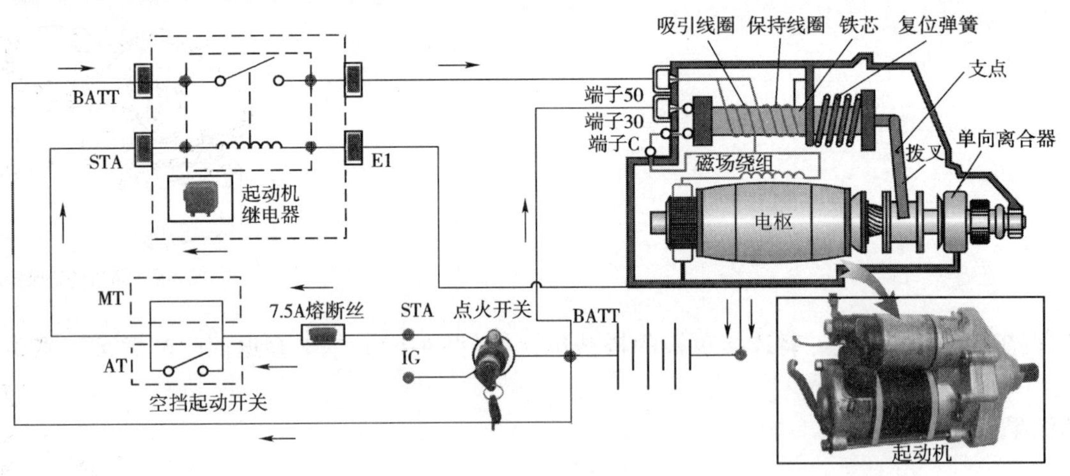

图 4-8　起动机电路图

(1)起动系统由起动机电路和__________两部分组成。

(2)控制机构又称为操纵机构。控制装置由电磁开关和拨叉等组成。

电磁开关是一种电动机械装置，用跨接线将起动机端子 50 接蓄电池正极，端子 C 和搭铁接蓄电池负极，当电磁线圈通电或断电时，活动铁芯将会移动，可用来________或________起动系统电路。

活动铁芯移动的同时，将驱动齿轮__________(推出/收回)，与发动机的飞轮齿圈啮合，实施起动的工作。

(3)起动机工作原理：

起动机工作时分为吸引、保持和返回三个阶段。

①吸引阶段是当点火开关转到"START"位置时，起动继电器线圈通电，起动继电器触点闭合，端子50将蓄电池电流传至保持线圈和吸引线圈。

流经保持线圈的电流直接搭铁，保持线圈产生磁场。流经吸引线圈的电流通过端子C，再流至电动机励磁线圈和电枢线圈，然后搭铁形成电路回路，吸引线圈也产生磁场。

吸引线圈与保持线圈产生的合成________加强，将活动铁芯压缩回位弹簧，并通过拨叉使驱动齿轮与飞轮齿圈啮合。同时，固定在活动铁芯一端的接触片，便将端子30和端子C(主触点)短接，蓄电池开始向直流电动机供给起动大电流。

②保持阶段是当电磁开关将驱动齿轮推至与飞轮齿圈完全啮合的位置时，固定在活动铁芯一端的接触片，便将端子30和端子C(主触点)短接，蓄电池由主电路向电动机提供大电流，以较大的转矩转动。此时，吸引线圈被________不再有电流通过，减小了蓄电池电流的消耗。同时由保持线圈的电磁力持续地将活动铁芯保持在________位置。

③回位阶段是在发动机起动后，将点火开关转回"ON"位置时，切断作用在端子50上的电压。部分电流便从端子C，经吸引线圈流至保持线圈，由于两个线圈所产生的合成磁场________，回位弹簧将活动铁芯复位，分离主触点，切断作用在电动机上的电流。同时活动铁芯带动拨叉将驱动齿轮与飞轮齿圈________。

小词典

空挡起动开关：在装配自动变速器的车辆里，为了使车辆起动时不产生蠕动导致安全事故，所以发动机只能在P、N挡起动。为此，在车辆的自动变速器挡位开关增设了空挡起动开关，串联到起动电路中。空挡起动开关只有在挡位开关处于P、N挡时才接通，因此，发动机只有在挡位开关处于P、N挡才能起动。

小提示

对于不同的车系，起动机各接线端子的名称不尽相同。如通用车型将起动机各接线端子命名为S、B、M，分别对应图4-8中的端子50、端子30、端子C。

***5. 验证故障的症状。**

现场直观检查，询问客户，并填写问诊表(表4-1)。

维修工作任务单　　表4-1

客户：　　联系电话：　　报修日期：

车　辆　信　息		
牌照号：	行驶里程：	VIN号：
车型：	剩余燃油：0 □　1/4 □　1/2□　3/4□　1 □	
用户寄存物品：		

续上表

仪表盘：

用户陈述及故障发生时的状况：

故障发生状况提示：行驶速度、制动系统状态、发生频度、发生时间、路面状况、部位、天气、声音描述

接车员检测确认建议：

车间检测确认结果及主要故障零部件：

车间检查确认者：

外观确认：	外观情况	好	坏	维修	内饰情况	好	坏	维修
	车门玻璃和风窗玻璃	□	□	□	座椅	□	□	□
	刮水器	□	□	□	天窗	□	□	□
	前后灯	□	□	□	内饰灯	□	□	□
	车身和油漆	□	□	□	点烟器	□	□	□
	前轮轮胎	□	□	□	音响	□	□	□
	后轮轮胎	□	□	□	空调	□	□	□
	轮胎压力	□	□	□				
	发动机机舱				其他			
	机油液面	□	□	□	________			
	冷却液液面	□	□	□				
（请在有缺陷部位作标识）	制动液液面	□	□	□	________			
	助力转向液面	□	□	□				
	蓄电池状况	□	□	□	________			
	线束状况	□	□	□				
	胶皮管状况	□	□	□				

贵重物品：在将车辆交给我店检查修理前，已提示将车内贵重物品自行收起并保存好，若有遗失恕不负责。

接车员：________　　　　客户确认：________

＊6. 参见附图4-A流程示意图所示，检查基本项目，确定需要更换、添加哪些器件或采取何种措施？

1)检查电解液密度、液面高度、蓄电池电压

将有关的测量值和采取措施填写在表4-2中。

密度、液位、开路电压检测表　　表4-2

项目	标准值	测量值		采取措施
		测量值	放电状态	
密度				
液位				
开路电压				

在检查起动系统之前，你先检查了蓄电池吗？如果蓄电池存电状态 <75%，为什么要进行充电？

2）检查端头和电缆

请将检查结果和采取措施填写在表4-3中。

端头和电缆检查表　　表4-3

项目	检查结果		采取措施
	正常	不正常	
松动否			
断开否			
锈蚀否			
熔断丝			

如果发现电缆绝缘层损坏，则会发生什么后果，应如何处理？

3）检查机油量

将检查结果和采取措施填写在表4-4中。

机油量、点火开关检查表　　表4-4

项目	检查结果		采取措施
	正常	不正常	
机油量			

如果加注的机油量过多，在起动温度较低时，将会使起动转速低于发动机能够起动的转速，造成起动机的电流过大，损坏起动机，对此问题你应如何处理？

4)检查电磁开关

接通点火开关起动时，如果端子 30 和端子 50 均有 12V 电压，但起动机不能转动，可通过什么方法，判断是电磁开关的故障，还是电动机的故障?

(1)检查电磁开关的声音。

将检查结果和分析情况填写在表 4-5 中。

电磁开关检查表 表 4-5

项　目	检查声音		结果分析
	有	无	
电磁开关			

如果电磁开关有清脆的响声，可以判断电磁开关__________(正常/不合格)；否则，再做起动机短接测试。

(2)检查起动机短接时的状况。

将端子 30 与端子 50 用跨接线短接，检查结果和分析情况填写在表 4-6 中。

起动机短接时的状况 表 4-6

名　称	检查结果		
	不　转	慢　转	正　常　转
起动机			

分析：

小提示

短接检测起动机系统时，点火系统必须关闭，不允许起动发动机。

*7. 起动机就车检查。

起动机就车检查流程示意图请参见附图 4-B 所示。

通过起动机就车检查，你可以了解什么情况?

小提示

如果确认故障在起动系统而不在发动机中，则应检查施加在起动机上的电压是否正常，检查时不需要从车上拆下起动机。

丰田车起动机就车检查的电压包括 3 个项目：检查蓄电池的电压(V_1)、检查端子 30 的电压(V_2)和检查端子 50 的电压(V_3)，如图 4-9 所示。

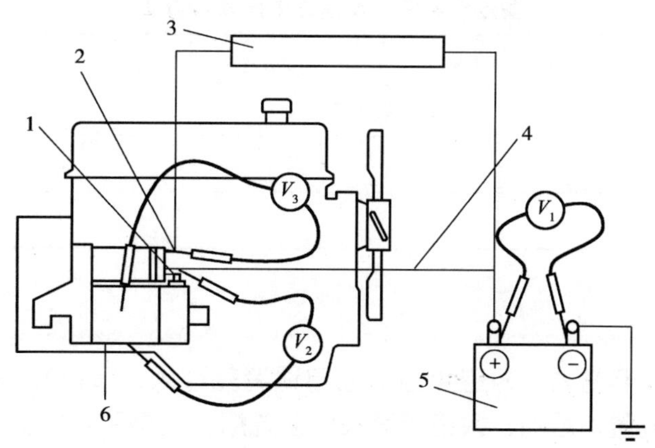

图 4-9　检查电压简图

请参阅相应资料，正确填写有关序号名称，1-__________；2-__________；3-点火开关电路；4-__________；5-蓄电池；6-起动电动机。

1)起动系统线路连接检查

检查起动系统的线路连接，并将目测结果和采取措施填写在表 4-7 中。

起动系统线路连接检查表　　表 4-7

检查项目	目测结果		采取措施
	正常	不正常	
端子 50 连接			
端子 30 连接			
蓄电池开路电压			
搭铁连接			

2)接通点火开关

3)检查蓄电池端电压和搭铁线电压降

如图 4-10 所示，将点火开关转到“START”位置，测量蓄电池端电压和搭铁线电压降，并将检查结果和采取措施填写在表 4-8 中。

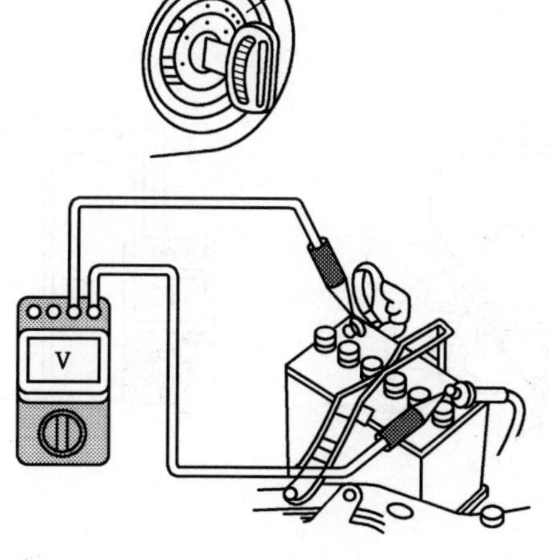

图 4-10　测量蓄电池极桩电压

蓄电池端电压及搭铁电压降检查表　　表 4-8

项　目	检查结果		采取措施
	标　准　值	测　量　值	
蓄电池电压			
搭铁线压降			

小提示

因为起动时的电流非常大，为避免蓄电池电量消耗过大，所以在测量各电压时，不应将钥匙长时间置于起动位置，否则，会造成有关电缆烧熔，甚至引发火灾事故。

4）检查端子 30 电压

将点火开关转到“START”位置，测量端子 30 电压（如图 4-11 所示），并将检查结果和采取措施填写在表 4-9 中。

端子 30 电压测量　　表 4-9

项　目	检查结果		采取措施
	标　准　值	测　量　值	
端子 30 电压			
端子 30 电缆压降			
起动机搭铁			

如果测量端子 30 电缆压降__________，则应检查起动机电缆是否断股或接触不良。

5）检查端子 50 的电压

将点火开关转到“START”位置，测量端子 50 的电压（图 4-12），并将检查结果和采取措施填写在表 4-10 中。

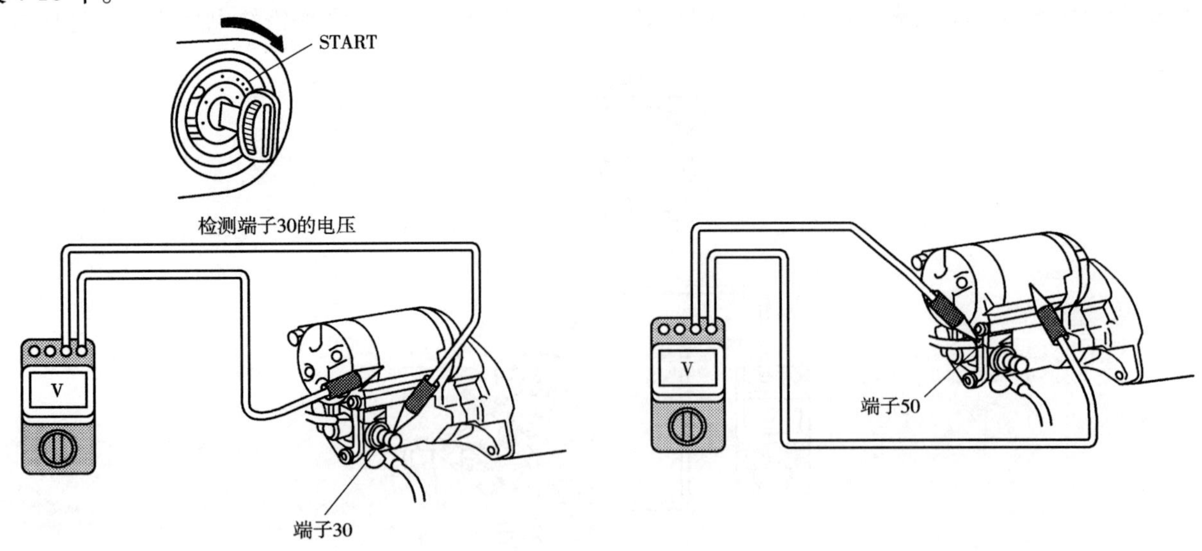

图 4-11　测量端子 30 的电压

图 4-12　测量端子 50 的电压

端子50电压测量

表4-10

项　　目	检查结果		采取措施
	标　准　值	测　量　值	
端子50电压			
端子50线路压降			

决策建议：

如果测量端子50线路压降__________，则应参照电路图逐个检查熔断器、点火开关、空挡起动开关、起动机继电器(或离合器起动机继电器、离合器起动开关)等零件，并根据故障情况修理或更换损坏的零件。

(1)点火开关的检查。

以丰田花冠点火开关为例(图4-13)，将检查结果和分析结论填写在表4-11中。

点火开关测量

表4-11

检测仪连接	开关状态	电阻测量值	规定状态	是否合格
所有端子之间	LOCK			
AM1(E4-2)-ACC(E4-3)	ACC			
AM1(E4-2)-ACC(E4-3) AM1(E4-2)-IG1(E4-4) IG2(E4-6)-AM2(E4-7)	ON			
ST1(E4-1)-AM1(E4-2) ST1(E4-1)-IG1(E4-4) IG2(E4-6)-AM2(E4-7) IG2(E4-6)-ST2(E4-8)	START			

你检测的点火开关__________(合格/不合格)。点火开关不合格会产生什么影响?

(2)起动继电器的检查(图4-14)。

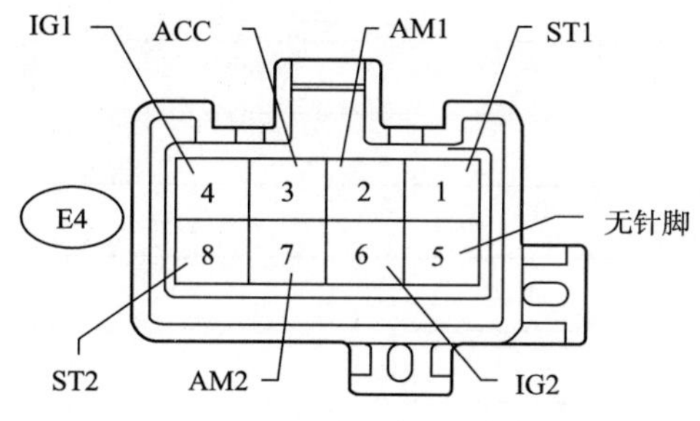

图4-13　丰田卡罗拉点火开关接线图

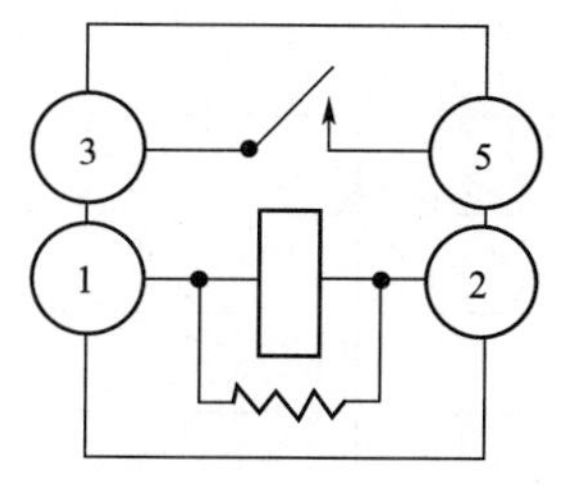

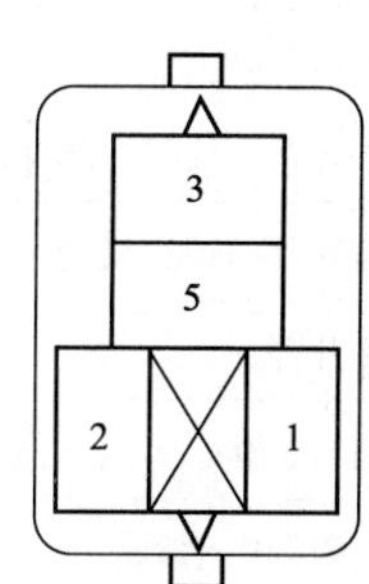

图4-14　丰田卡罗拉起动继电器图

将起动继电器拆下，测量1、2脚，电阻：________Ω。查阅维修手册，标准值：________Ω。

测量3、5脚，电阻：________Ω。查阅维修手册，标准值：__________Ω。将1、2脚连接蓄电池的正负极，再测量3、5脚，电阻：________Ω。查阅维修手册，标准值：________Ω。请你判断，起动继电器：________（正常/不合格）。

(3)空挡起动开关的检查(图4-15)。

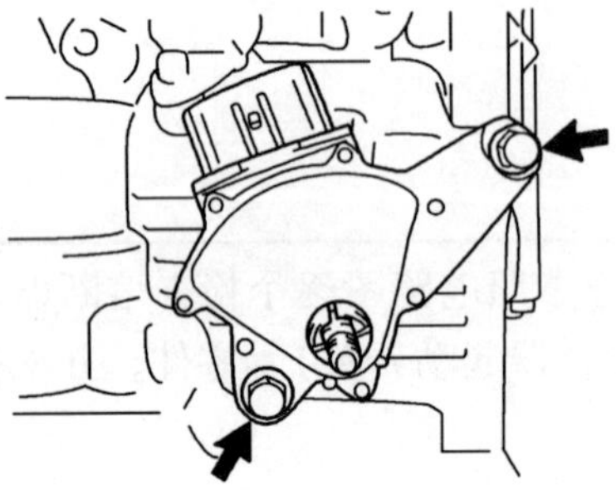

图4-15　丰田卡罗拉U341E自动变速器空挡位置开关

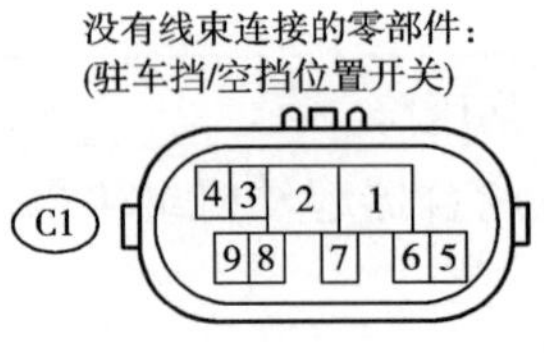

将车辆挂入P、N挡，将自动变速器挡位线束拔出，测量空挡起动开关4、5脚电阻：________Ω。查阅维修手册，标准值：________Ω。请你判断，空挡起动开关：________（正常/不合格）。

空挡起动开关不合格会产生什么影响?

＊8. 就车检查确定需要更换起动机，更换起动机时，你应如何操作?

更换起动机流程请参见附图4-C所示。

1)移动、停放、举升车辆

请将检查结果和采取措施填写在表4-12中。

车辆举升前举升器检查明细表　　表4-12

检查举升器性能项目	不　正　常	正　　常	采 取 措 施
清洁实训工位			
检查主、副立柱的地脚螺栓			
检查提升臂的锁止机构			
检查提升臂			
检查油箱、油缸、高压油管			
检查电源和电动机			
系统支撑和加固			

2)拆卸起动机

查阅维修手册，准备相关工具，规范从发动机上拆卸起动机(图4-16)。

请思考有哪些注意事项?

图4-16　拆卸起动机

(1)断开蓄电池的负极电缆。

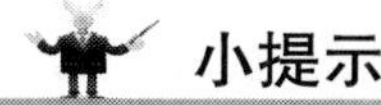

小提示

拆卸蓄电池电缆时一定要先拆负极，如图4-17所示。如果先拆正极，可能因扳手与车体接触，造成蓄电池正、负极短路，发生火灾事故。

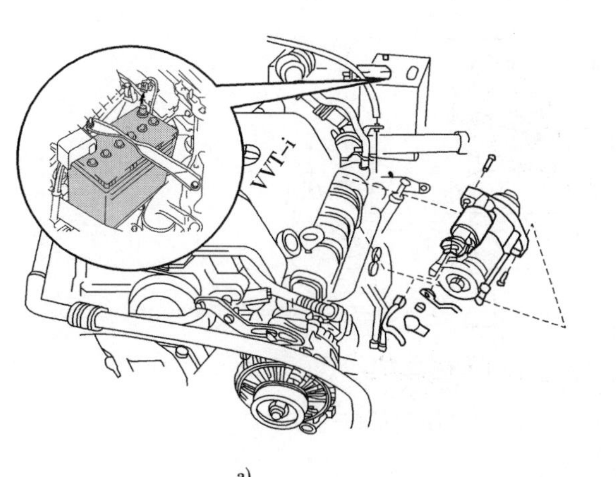

a)

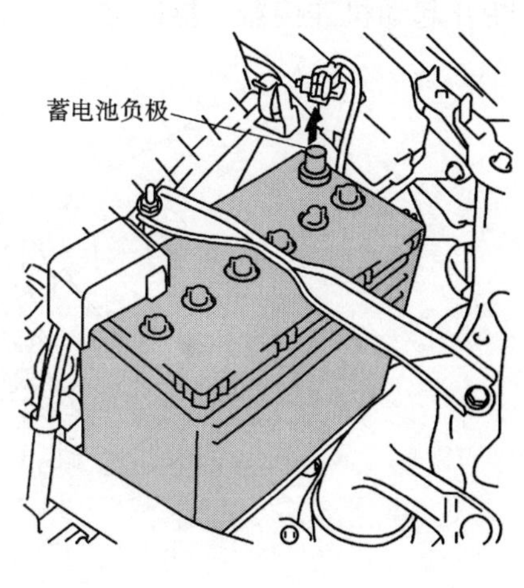

b)

图4-17　拆卸蓄电池负极

a)蓄电池在车上的安装位置；b)蓄电池负极

断开蓄电池的负极电缆之前，对存储在 ECU 等器件内的信息做笔记：
①DTC(诊断故障代码)。
②选择收音机频道。
③座椅位置(带有记忆系统)。
④转向盘位置(带有记忆系统)等。
(2)拆卸起动机电缆(图 4-18)。

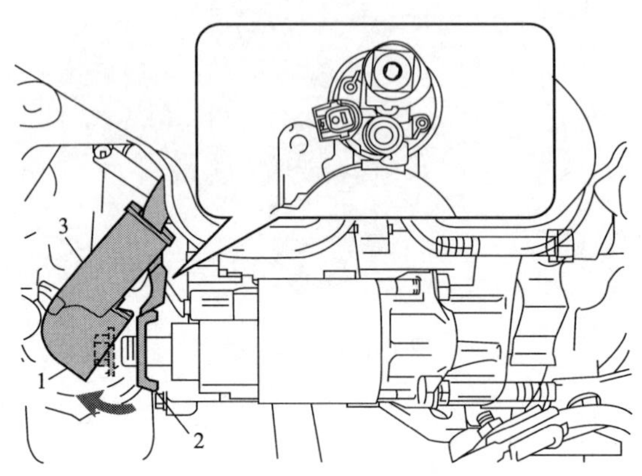

图 4-18　拆卸起动机电缆
1-定位螺母；2-起动机电缆(端子 30)；3-防短路盖

①拆下防短路盖。
②拆下起动机电缆定位螺母。
③断开起动机端子 30 的起动机电缆。

小提示

由于起动机电缆直接与蓄电池相连，因此带有一个防短路盖。

(3)断开起动机连接器，拆卸端子 50 电磁开关控制线(图 4-19)。

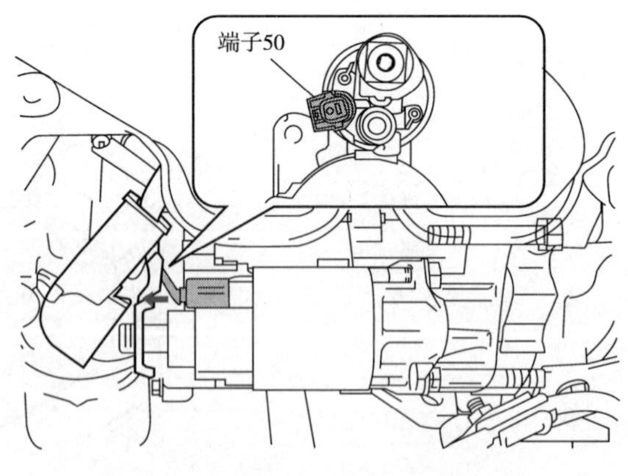

图 4-19　拆卸端子 50 电磁开关控制线

(4)拆卸起动机。
拆下起动机安装螺栓，然后滑动起动机将其拆下(图 4-20)。

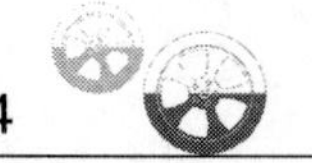

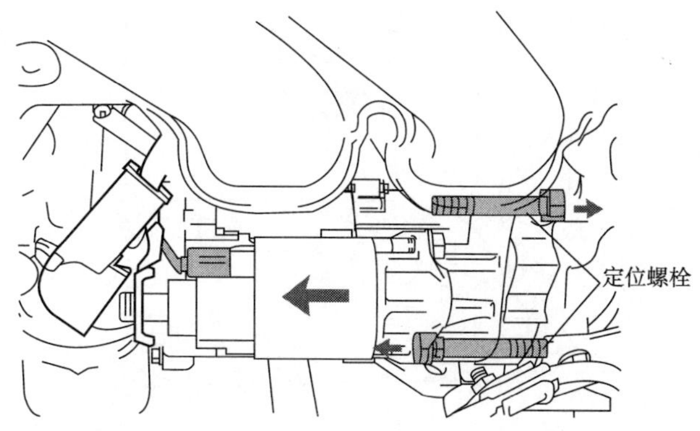

图 4-20　拆卸起动机

3）安装起动机

查阅维修手册，规范将起动机安装在发动机上（以丰田花冠为例），起动机与发动机位置关系如图 4-21 所示。

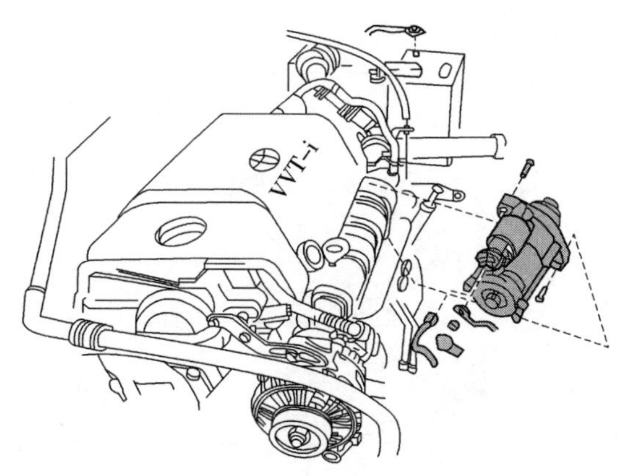

图 4-21　起动机与发动机位置关系

（1）安装起动机（图 4-22）。

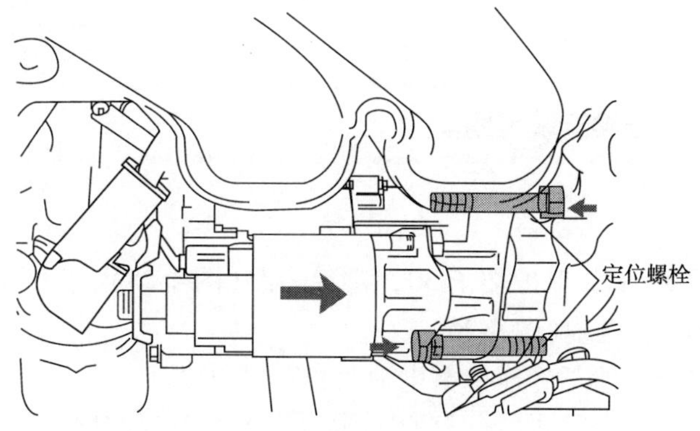

图 4-22　安装和固定起动机

插入起动机，用起动机安装螺栓安装和固定起动机。

（2）连接起动机端子 50。

①握住连接器体，连接端子 50（图 4-23）。

②确定连接器牢牢接合。

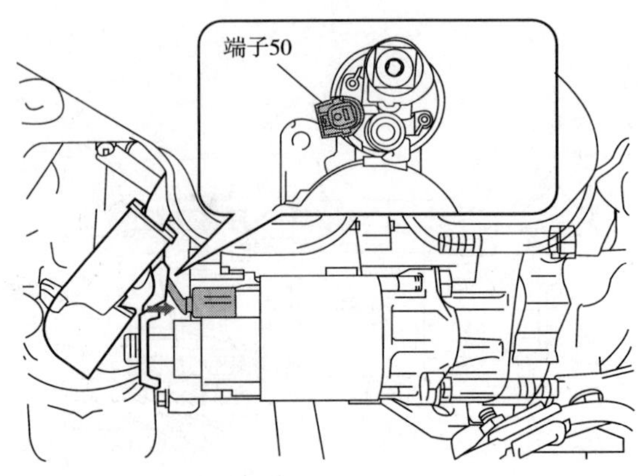

图 4-23　安装端子 50 线

(3)连接起动机电缆(图 4-24)。

①将起动机电缆连接到起动机的端子 30 上。

②用起动机电缆定位螺栓将其固定住。

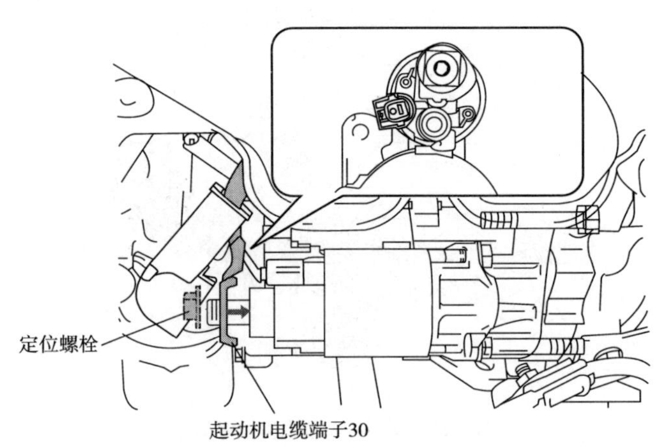

图 4-24　安装端子 30 起动机电缆 30

小提示

为防止损坏端子，请正确安装电缆。

(4)安装防短路盖。

将防短路盖安装到端子 30 上，保护端子 30，避免短路(图 4-25)。

(5)连接蓄电池的负极(－)电缆(图 4-26)。

①为防止损坏蓄电池端子，请正确连接蓄电池负极(－)电缆。

②复原车辆信息。完成检查步骤之后，复原工作前记下的车辆信息。

a. 选择收音机频道。

b. 时钟设置。

c. 转向盘位置(带有记忆系统)。

d. 座椅位置(带有记忆系统)等。

(6)最后起动检查(图 4-27)。

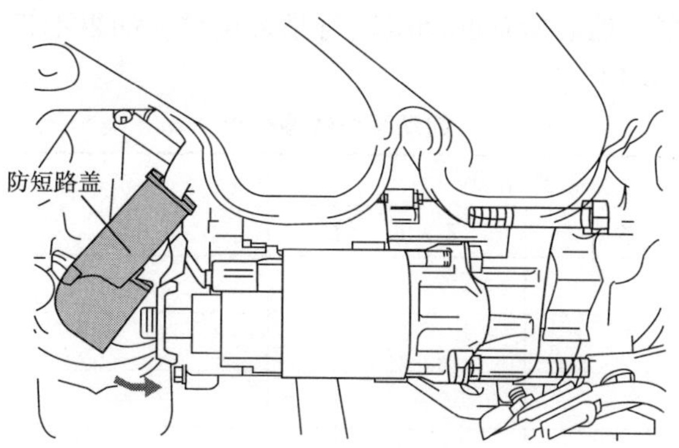

图4-25　安装防短路盖

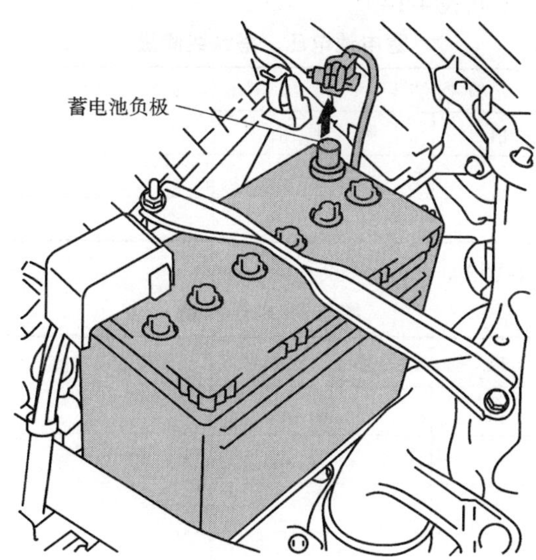

图4-26　安装蓄电池负极

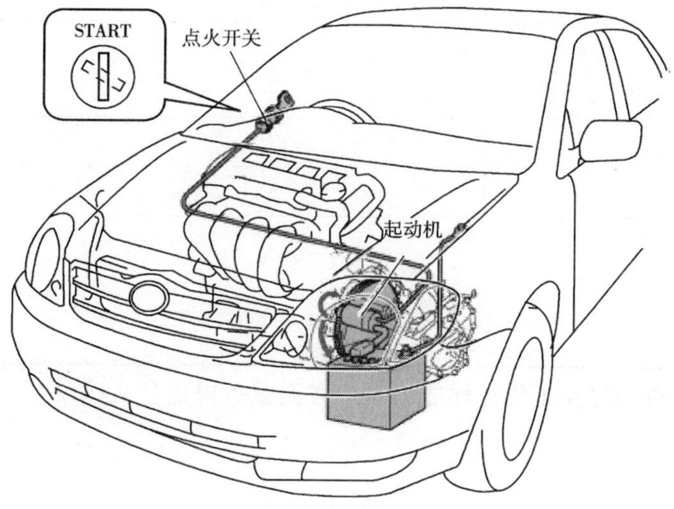

图4-27　安装和固定起动机

将点火开关转到起动位置，然后检查起动机运行是否正常。如果不正常，做以下检查：

①起动系统线路检查(表4-13)。

起动系统线路检查　　表4-13

项　目	目测结果		采取措施
	正　常	不　正　常	
端子50			
端子30			
蓄电池开路电压			
搭铁线			

②检查蓄电池电压和搭铁线(见表4-14)。

蓄电池电压、搭铁线测量　　表4-14

项　目	检查结果		采取措施
	规　定　值	测　量　值	
蓄电池电压			
搭铁线			

③检查端子30的电压(表4-15)。

端子30电压测量　　表4-15

项　目	检　查　结　果		采取措施
	规　定　值	测　量　值	
端子30电压			
端子30电压降			
起动机搭铁			

④检查端子50的电压(表4-16)。

端子50电压测量　　表4-16

项　目	检查结果		采取措施
	规　定　值	测　量　值	
端子50电压			
端子50电压降			

决策：

通过起动机就车检查与更换工作，你能为客户咨询服务提出什么建议？

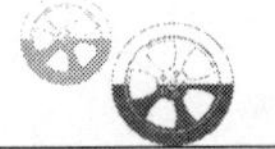

*9. 知识拓展。

智能钥匙和一键起动系统：

不同于传统的机械钥匙点火方式，依据传统习惯起动程序，只要轻轻按下"START/STOP"键即可实现车辆的起动熄火。当车主离开车辆后，智能感应系统发出指令使车辆立刻处于防盗状态。此时"START/STOP"键处于不工作状态，即使盗贼非法进入车辆，也无法起动车辆。当"START/STOP"按键系统侦测到与之匹配使用的智能钥匙进入车内后，报警系统自动解除，同时按键激活并在此处于待命状态；整个系统设有两重防盗识别功能，车主不在的情况下，其他人强行进入车内是不能起动着车的。而且系统会自动发出报警声提示车主。

以广汽丰田智能钥匙和一键起动系统为例简要介绍发动机起动过程(图4-28)：

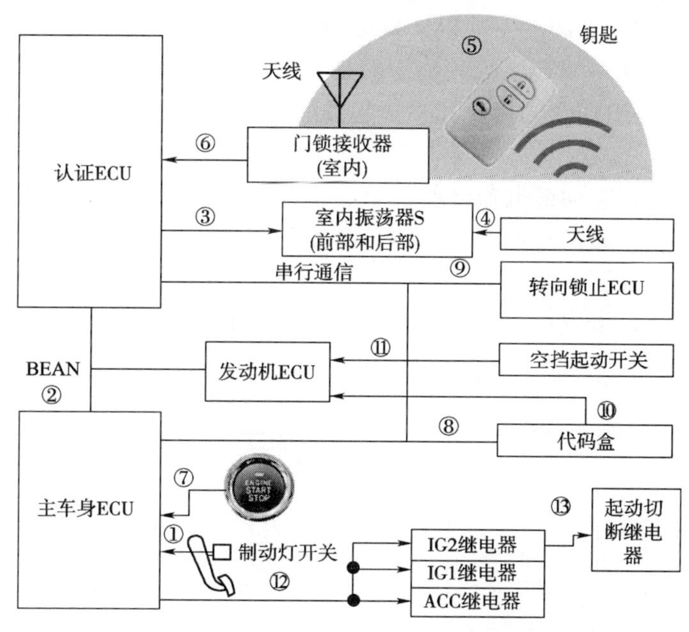

图4-28　广汽丰田智能钥匙和一键起动系统原理简图

(1)踩踏制动踏板，一键起动开关绿灯点亮后，按下按钮，发动机起动。

参与工作步骤：(①、②)。

(2)制动SW变为ON时，主车身ECU开始对认证ECU的车内认证状况开始进行确认。

参与工作步骤：(③~⑥)。

(3)认证ECU确认电子钥匙在车内后，主车身ECU让一键起动按钮的绿灯点亮。

参与工作步骤：(⑦~⑪)。

(4)按一键起动按钮后，认证ECU、转向锁ECU、ID编码BOX之间开始进行与发动机起动相关的编码(ECU code)认证。

参与工作步骤：(⑫、⑬)。

上述认证成功时，ID编码BOX与主车身ECU向发动机ECU发送发动机起动许可信号。

三、评价反馈

1)维修案例分析

故障症状：一辆2007款卡罗拉GL，行驶里程4万km。停放一夜后，第二天早上车辆突然不能起动。

故障排除：根据用户反映，首先判断可能是蓄电池严重亏电，导致发动机无法起动。用钥匙起动发动机竟发现起动机不转、无打齿声音，很明显起动机线路上没有电流通过。为了确诊，又测了蓄电池电压，发现蓄电池电压12.65V，正常，估计是起动线路出了问题。

先从起动线路上分析，用万用表测量控制供电端的两个熔断丝AM1和AM2，数据正常，插接也没问题。怀疑是起动机坏了，于是用一段导线将30和50线跨接，发现起动机打齿，说明起动机是好的，综合分析一些易损件，怀疑起动继电器出了问题。该车起动继电器位于5号继电器盒内，安装于中央控制面板内部的车架上，查看比较麻烦，所以作为次选检查对象，先查其他可能引起故障的地方。将万用表搭在50接线柱上，用钥匙起动发动机，发现50接线柱没有电压。

拿来KT600诊断仪，读取故障码，令人失望的是竟没有故障码，再次查看电路图，彻底清查。从点火开关至起动机50接线柱有两个插接头和一个起动继电器，由于两个插接头都在车体内部且一般情况下不容易损坏，所以决定先从起动继电器查起。找来工具把空调及收音机面板拆下后，竟发现起动继电器不见了，仔细寻找发现起动继电器已经掉落，把起动继电器插上，起动发动机，能够着车。分析原因，极有可能是路面太颠簸，再加上继电器自身松旷，不小心被震掉，切断了起动机的供电，起动机不转，发动机也无法起动了。

根据以上案例，进行丰田卡罗拉1ZR-FE起动系统电路图(图4-29)认读。

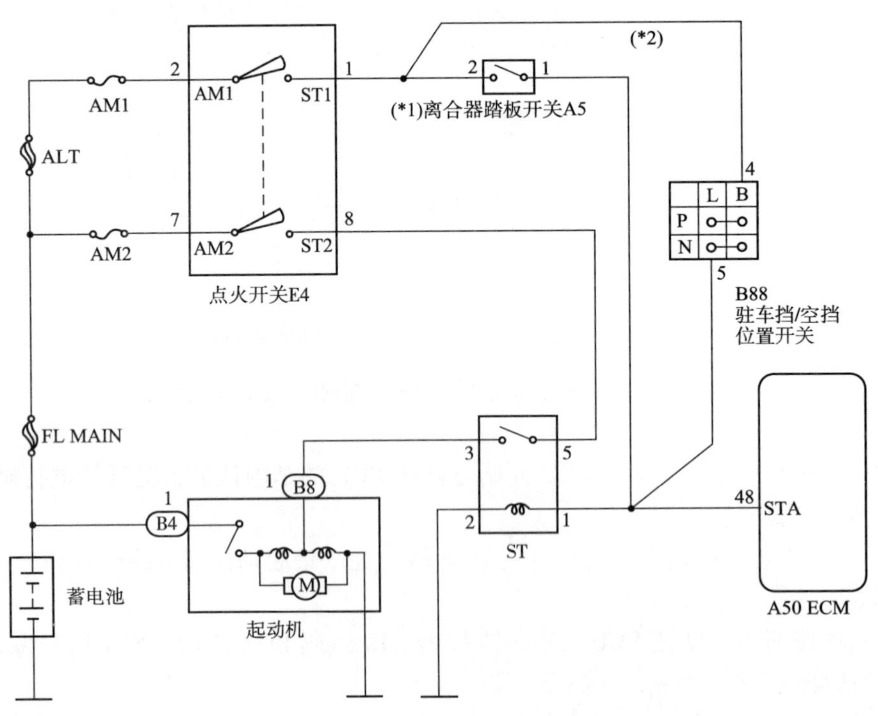

图4-29　丰田1ZR-FE发动机起动系统电路图

根据所学知识，认读丰田 1ZR-FE 发动机起动系统电路图，回答以下问题：

(1)点火开关 E4 的 1、2 脚在"START"时导通吗？在其他位置呢？

(2)如何检查起动继电器的好坏？继电器松脱会导致什么后果？

(3)空挡起动开关在哪儿？4、5 脚在起动时导通吗？其他情况呢？

(4)如果起动时就车检查，B8-1 脚有 12V 电压，但起动机没有响声，请判断最有可能什么有故障？

(5)ECM 电脑 48 号线有什么作用？

2)学习自测题

完成本工作任务后，请你参阅有关资料，回答下面的问题。

(1)为什么蓄电池电缆连接良好是起动机正常工作的重要前提条件？

(2)起动系统具有起动电路和控制电路，这两个电路相互________。

(3)下列________不属于起动机的控制电路。

A. 起动继电器　B. 点火开关　C. 空挡起动开关　D. 附加电阻

(4)下列________不能连接到起动机的大电流电路中。

A. 蓄电池　B. 点火开关　C. 起动机　D. 电磁开关的主触点

(5)在变速器处于挂挡状态工作时，为什么不能起动发动机？

(6)下列中________，将会导致发动机起动困难。

A. 冷起动电流容量过大　　B. 蓄电池电缆规格过大

C. 蓄电池电缆腐蚀　　D. 蓄电池储备容量过大

(7)在起动机就车检查过程中，将测量值与标准值比较分析，你对更换起动机有何建议？

3)维修信息获取练习

(1)通过维修手册查阅，小组合作完成车辆无法起动的一般检查程序。针对起动机不能转动的现象，请你参见图4-30分析与故障相关的因素。

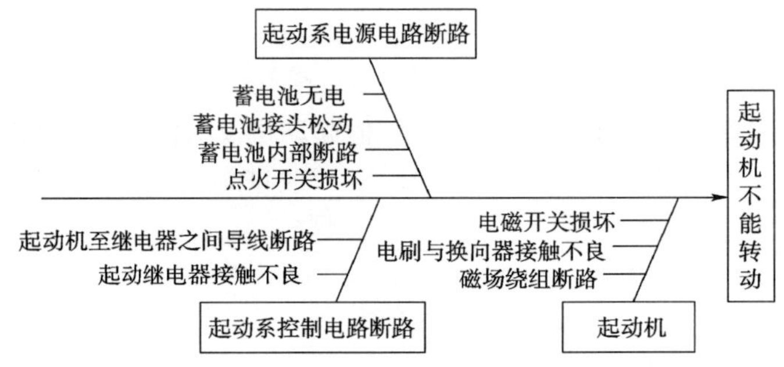

图4-30　起动机不能转动的因素

(2)通过维修手册查阅，观察其他轿车的起动系统，针对喇叭声响低弱，车灯灯光暗淡，起动机转动无力的现象，运用所学知识和收集的信息，经小组讨论、分析，请你制定一份实施起动机就车检查与更换的计划，并在小组交流制订计划、实施完成工作任务的方法和具体措施。

4)学习目标达成度的自我检查(表4-17)。

自 我 检 查 表　　表4-17

序号	学 习 目 标	达成情况(在相应的选项后打“√”)		
		能	不能	如果不能，是什么原因
1	制订起动机就车检查计划			
2	制订起动机更换的计划			
3	执行起动机就车检查计划，顺利找到故障			
4	规范执行起动机更换工作			
5	认读现代汽车起动系统电路图，分析不能起动的常见故障			

5）日常表现性评价（由小组长或者组内成员评价）

（1）工作页填写情况。（　　）

A. 填写完整　　B. 缺失0～20%

C. 缺失20%～40%　　D. 缺失40%以上

（2）工作着装是否规范？（　　）

A. 穿着校服（工作服），佩戴胸卡　　B. 校服或胸卡缺失一项

C. 偶尔会既不穿校服又不戴胸卡　　D. 始终未穿校服、佩戴胸卡

（3）能否主动参与工作现场的清洁和整理工作？（　　）

A. 积极主动参与5S工作

B. 在组长的要求下能参与5S工作

C. 在组长的要求下能参与5S工作，但效果差

D. 不愿意参与5S工作

（4）升降汽车举升器或起动发动机时，有无进行安全检查并警示其他同学？（　　）

A. 有安全检查和警示　　B. 有安全检查无警示

C. 无安全检查，无警示

（5）是否达到全勤？（　　）

A. 全勤　　B. 缺勤0～20%（有请假）

C. 缺勤0～20%（旷课）　　D. 缺勤20%以上

（6）总体印象评价。（　　）

A. 非常优秀　　B. 比较优秀　　C. 有待改进　　D. 急需改进

（7）其他建议：

小组长签名：________　________年________月________日

6）教师总体评价。（　　）

（1）对该同学所在小组整体印象评价。（　　）

A. 组长负责，组内学习气氛好

B. 组长能组织组员按要求完成学习任务，个别组员不能达成学习目标

C. 组内有30%以上的学员不能达成学习目标

D. 组内大部分学员不能达成学习目标

（2）对该同学整体印象评价：

____

____

____。

教师签名：________　________年________月________日

附图：

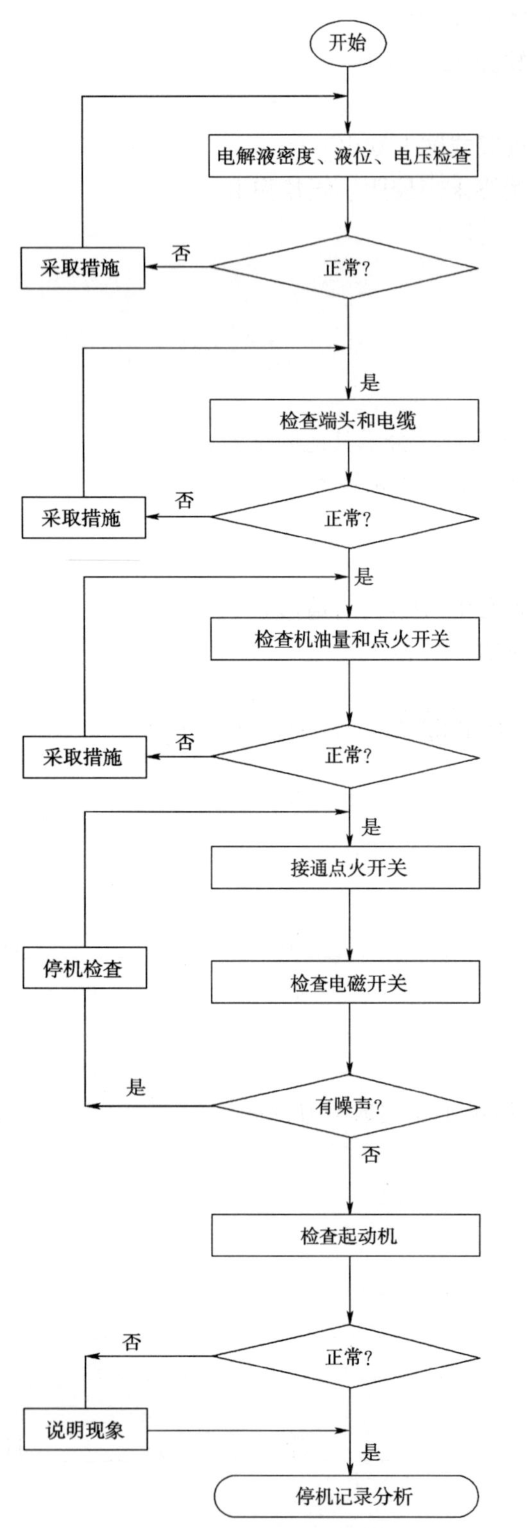

附图 4-A　检查基本项目流程示意图

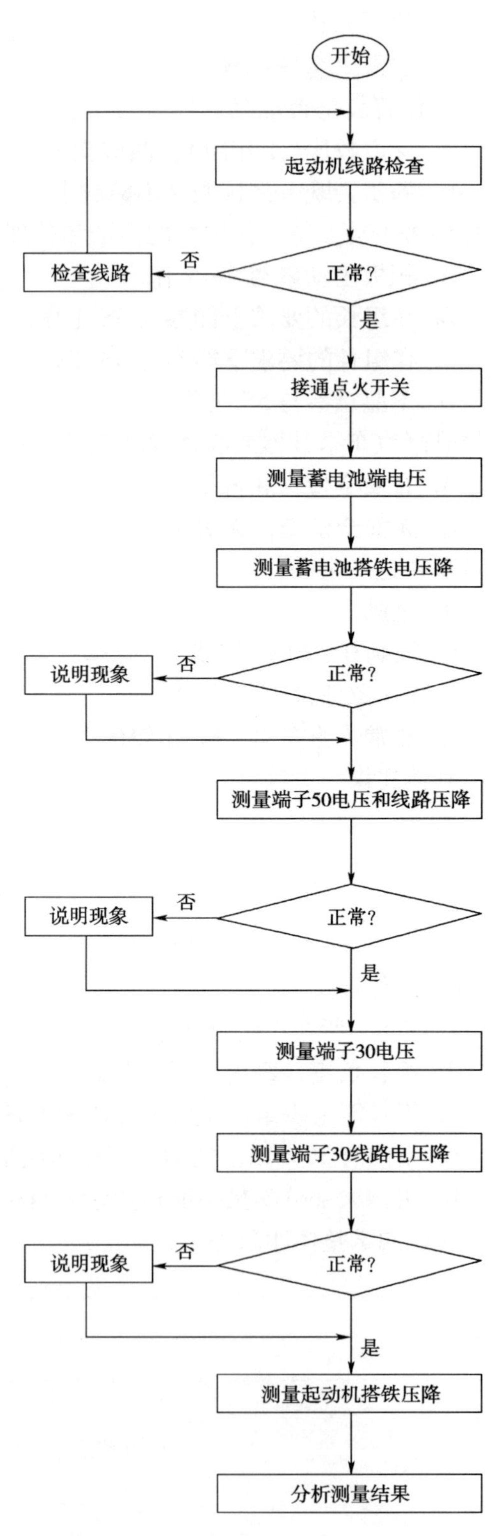

附图 4-B　起动机就车检查流程示意图

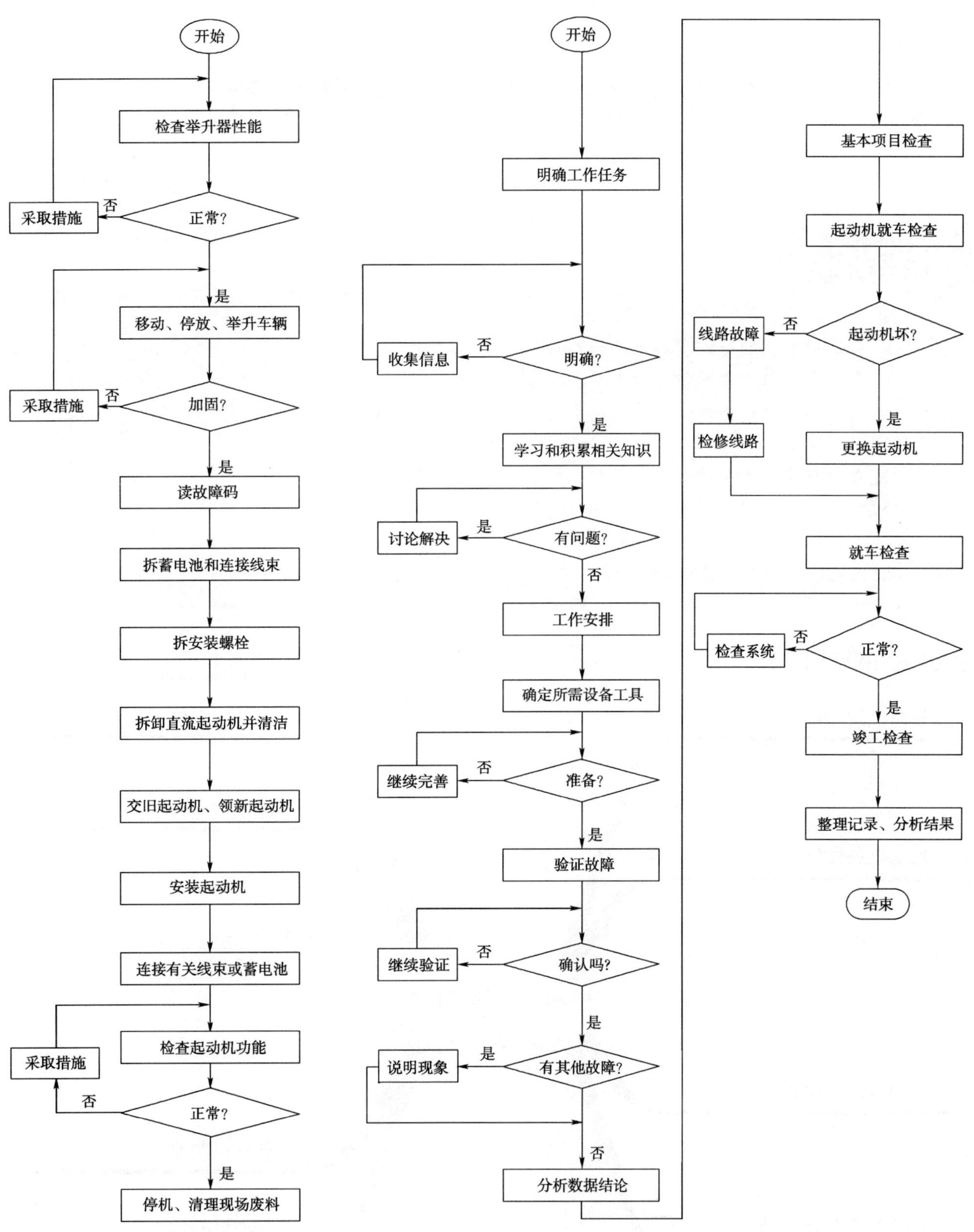

附图4-C　起动机更换流程示意图

附图4-D　起动机就车检查与更换流程示意图

学习任务 5　起动机解体维修

学习目标

完成本学习任务后，你应当能：

1. 叙述起动机的结构和各元件的作用；
2. 叙述起动机大修的步骤和主要注意事项；
3. 制订起动机解体维修的计划并实施，根据工作要求，规范完成起动机解体维修、装复及性能测试作业；
4. 能解释其他类型的起动机与行星轮减速型起动机的异同；
5. 运用所学知识和经验，合作制订实施起动机其他故障解体维修的计划。

建议完成本学习任务为 14 学时

学习内容的结构

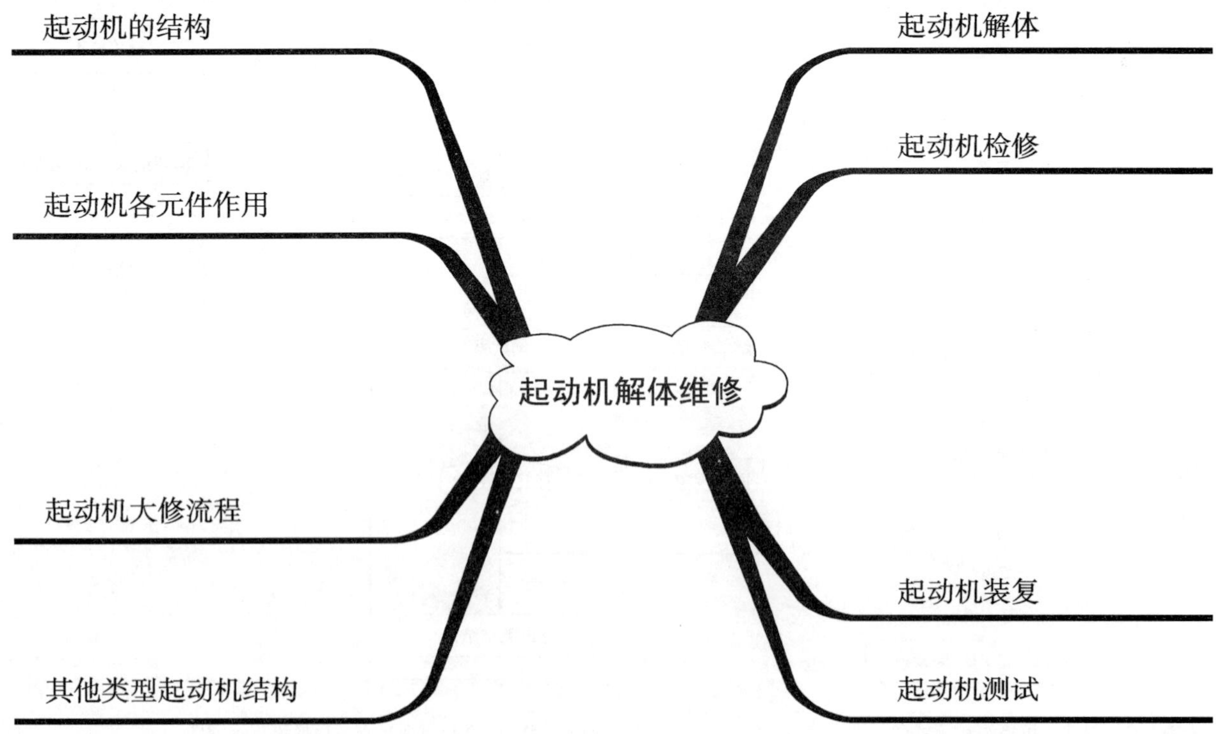

学习任务描述

按照专业水平对起动机进行测试，针对检查的结果或有关现象，征得用户同意解体维修起动机，解决起动机不能转动的问题。

案例分析

一位客户将一辆丰田威驰牌轿车送到维修站，发动机不能起动。起初，这一故障只是偶尔发生，多起动几次可着车，后来发展到无法着车。

维修技师对起动机进行就车检查，排除了起动电路和其他系统的故障原因，确认了故障在于起动机，所以提出对起动机进行解体维修的建议。经过解体维修，结果发现起动机端子C至起动机励磁线圈之间的连线脱落，经过焊接处理故障排除。从本案例可以看出，起动机中的任何组件如果出现工作异常，都会导致起动机不能转动。

目前汽车上使用的起动机多为行星齿轮式起动机，它是一种高转速的直流电动机，工作时电枢轴和驱动轴承受的负荷较小，具有减速比大、体积小、结构紧凑、转矩大、噪声低和没有侧向力等优点。查阅相关资料，制订计划并执行计划，规范进行起动机解体、检查和维修，并对维修后的起动机进行测试、装复和成功试车，是对维修技师的基本技能要求。

一、学习准备

＊1. 维修技师诊断出发动机不能起动的原因在于起动机，如何规范地进行起动机解体维修，主要步骤有哪些呢？

查阅维修手册，根据图5-1，将起动机大修的步骤进行排序、连线，并叙述每一步骤的意义。（以丰田花冠为例）

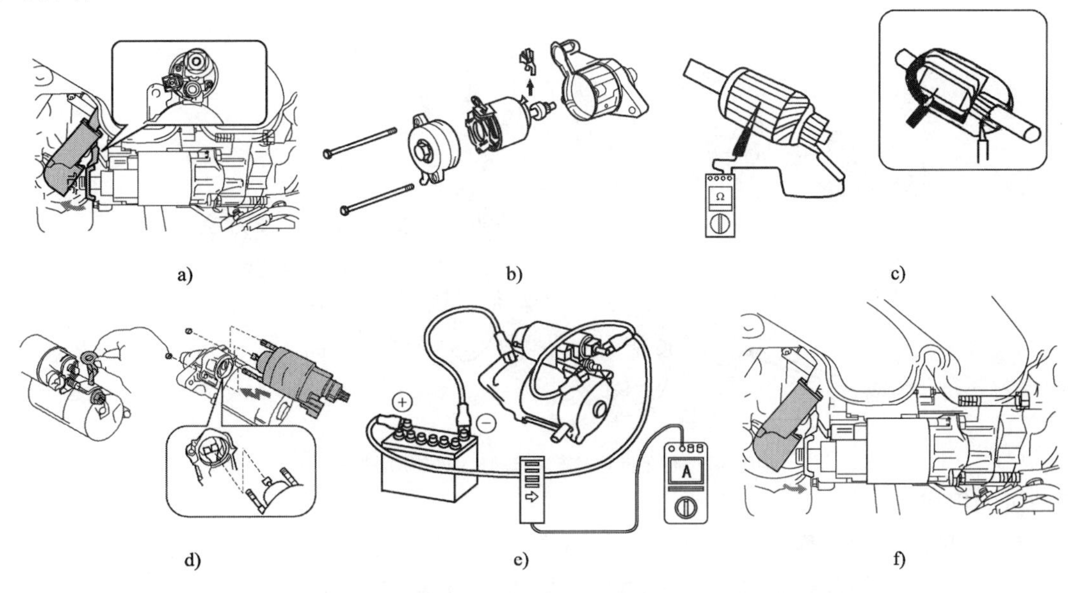

图5-1　起动机大修步骤图解

□拆卸	从发动机上拆卸起动机
□检查	检查各部件的性能
□分解	分解起动机
□安装	安装起动机，最后进行起动试验
□测试	检验组装后的起动机的性能
□重新组装	重新组装起动机

就车拆卸起动机在学习任务 4 中有详细阐述，请同学们查阅维修手册后予以实施，并记录过程要点。

＊2. 起动机由哪些部分组成？各部件功能是什么？

丰田汽车公司的行星齿轮式直流起动机的结构组件，如图 5-2 所示。

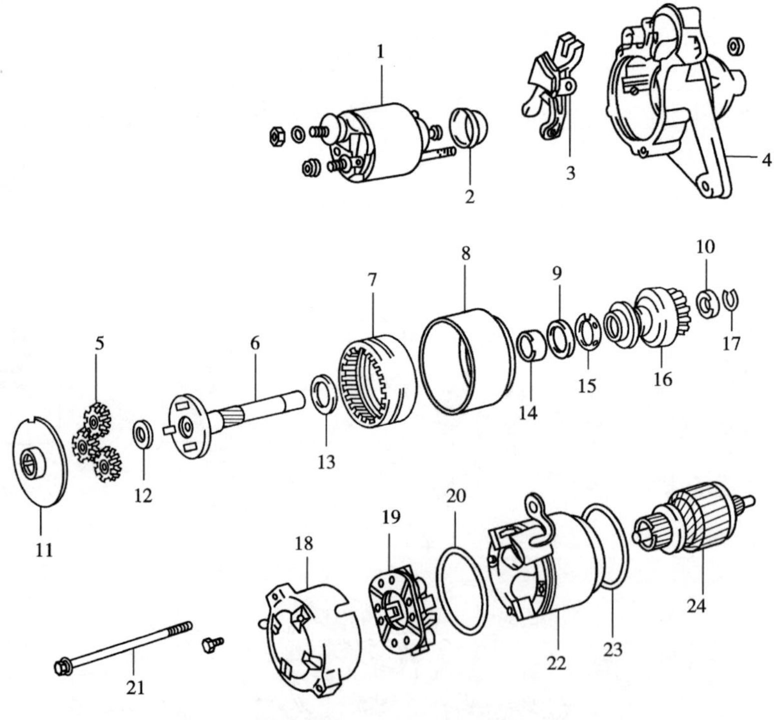

图 5-2　行星齿轮式直流起动机的结构组件图

1)起动机的组成

参照图 5-2，填写元件名称。

1-____________；2-活动铁芯罩；3-传动杆(拨叉)；4-驱动机构外壳；5-行星齿轮；6-小齿轮；7-内齿轮；8-缓冲器壳；9-板垫圈；10-止动套圈；11-压板；12；13-垫圈；14-中间轴承；15；17-弹簧

卡环；16-__________；18-换向器端盖；19-电刷架；20；23-O 形环；21-贯穿螺栓；22-__________；24-__________。

2)各元件作用

起减速作用的是(　　)，产生主要磁场的是(　　)，产生起动力矩的是(　　)，控制端子 30 和端子 C 连接和断开的是(　　)。

A. 电磁开关　　B. 驱动齿轮　　C. 励磁线圈　　D. 电枢线圈

E. 行星齿轮机构　　F. 拨叉

小词典

起动机的型号：根据中华人民共和国行业标准 QC/T73—93《汽车电气设备产品型号编制方法》规定，起动机的型号由 5 部分组成。

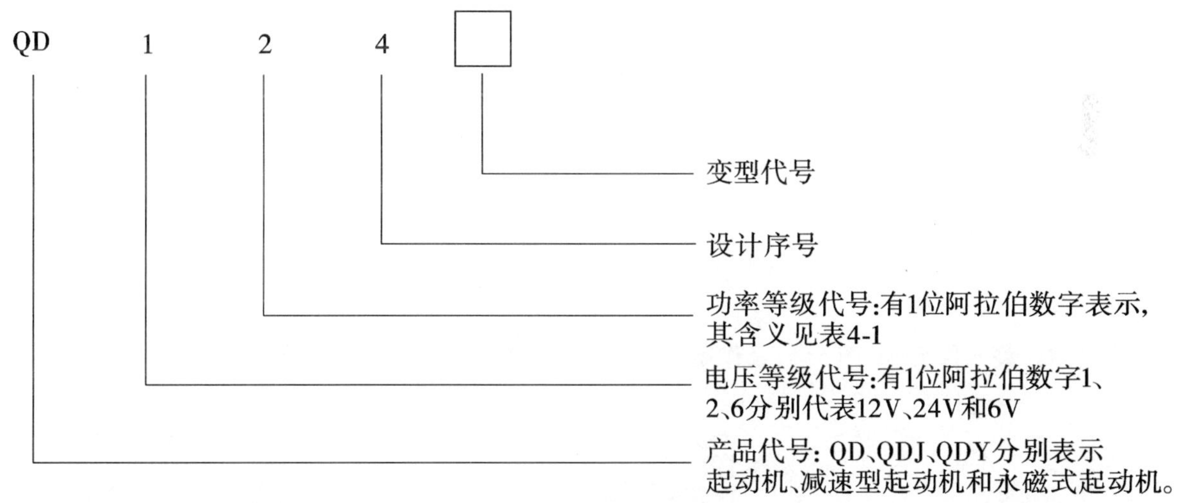

*QD124 表示额定电压为 12V、功率为 1～2kW、第四次设计的起动机。

二、计划与实施

针对有关的资料，进行个人专题和小组综合分析、整理，明确起动机解体维修的工作逻辑，请你在学习和制订计划时留有一定的余地，避免出现意外，以便顺利完成工作任务。

＊3. 查阅维修手册，在对起动机解体前，先做好安全及设备准备(以丰田花冠用起动机为例)。

请查阅维修手册，将起动机解体所需的设备、零备件、仪表、材料和工具，以及相关的情况填写在表 5-1 中。

起动机解体维修所需的设备、工具一览表　　表 5-1

名　　称	型　　号	未准备	准备好	现　　状	会使用	不会使用
实习车辆						
起动机						

续上表

名　称	型　号	未准备	准备好	现　状	会使用	不会使用
常用解体维修工具						
专用解体维修工具						
安全措施						

∗4. 解体起动机首先要拆卸电磁开关(图 5-3)，电磁开关由哪些元部件组成？叙述其作用和工作原理。

(1)引线的作用是：____。

(2)查阅维修手册，结合自己实际操作，请写出电磁开关拆卸步骤和注意事项。

(3)电磁开关元件组成(图 5-4)及作用：

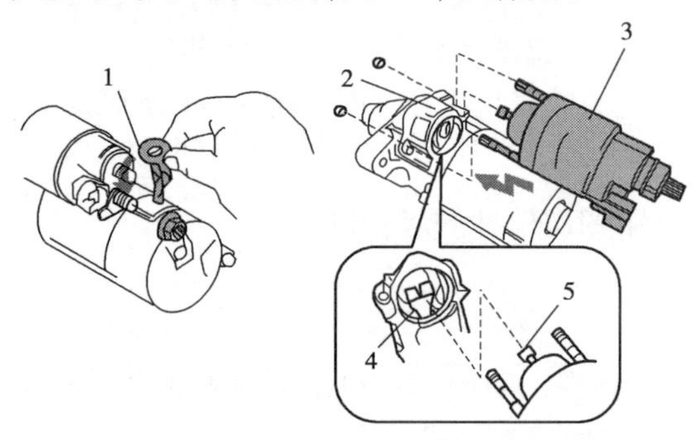

图 5-3　电磁开关拆卸图解

1-引线；2-起动机外壳；3-电磁开关；4-拨叉；5-柱塞钩

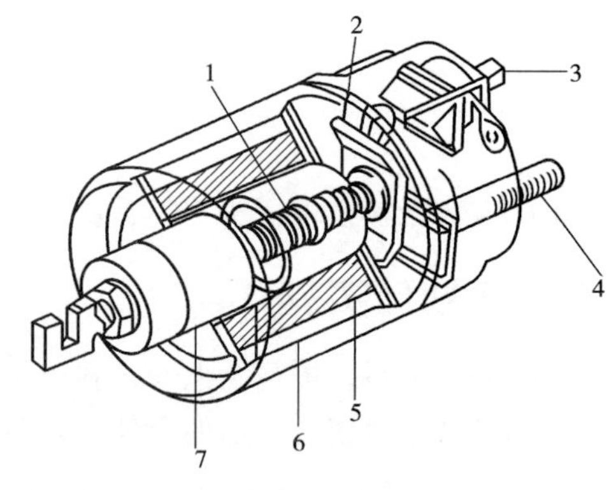

图 5-4　电磁开关结构图

①电磁开关是由 1-复位弹簧；2-__________；3-__________；4-端子 C；5-吸引线圈；6-保持线圈；7-__________组成。

②电磁开关是一种电动机械装置，当电磁线圈通电或断电时，活动铁芯将会移动，可用来__________和__________起动系统电路。

③拨叉装置。

拨叉可使驱动齿轮与飞轮齿圈进入啮合，如图 5-5 所示。拨叉应能保证驱动齿轮在运动时，先与飞轮齿圈进入完全________，然后电磁开关才使主触点________，确保起动机在正常转动之前，驱动齿轮与飞轮齿圈先进入啮合状态。

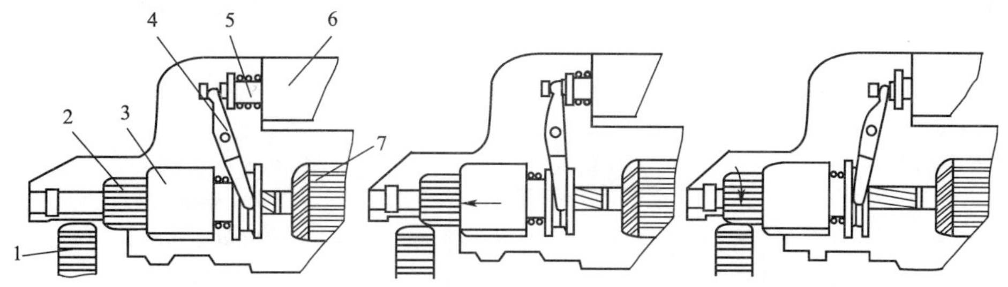

图5-5　拨叉推动驱动齿轮与飞轮齿圈进入啮合

1-飞轮；2-驱动齿轮；3-单向离合器；4-拨叉；5-活动铁芯；6-电磁开关壳体；7-电枢

＊5. 拆卸完电磁开关后，要对直流电动机解体。直流电动机由哪些元部件组成？叙述其作用和原理，并按照规范解体直流电动机。

1）直流电动机组成部件及其作用

直流电动机的主要部件有：轭铁组件（励磁线圈）、电枢（电枢线圈）、行星齿轮机构、电刷架、单向离合器和驱动齿轮。它的作用是产生起动所需的转矩。

（1）轭铁组件（励磁线圈），如图5-6所示。

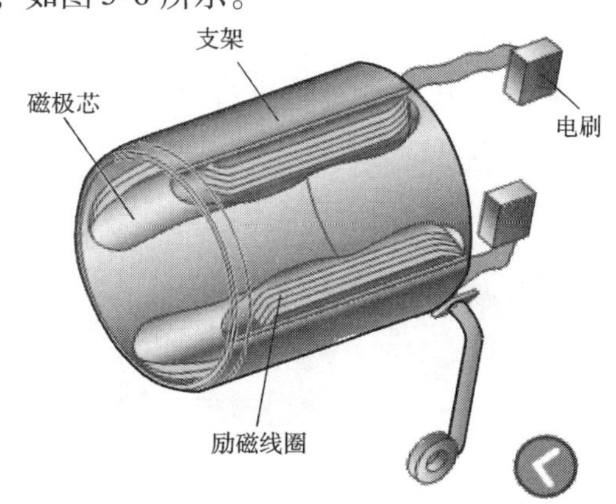

图5-6　轭铁组件（励磁线圈）结构图

丰田1ZR-FE发动机的起动机的轭铁组件主要由励磁线圈、磁极芯和支架组成，励磁线圈的作用是＿＿。

（2）电枢（电枢线圈），如图5-7所示。

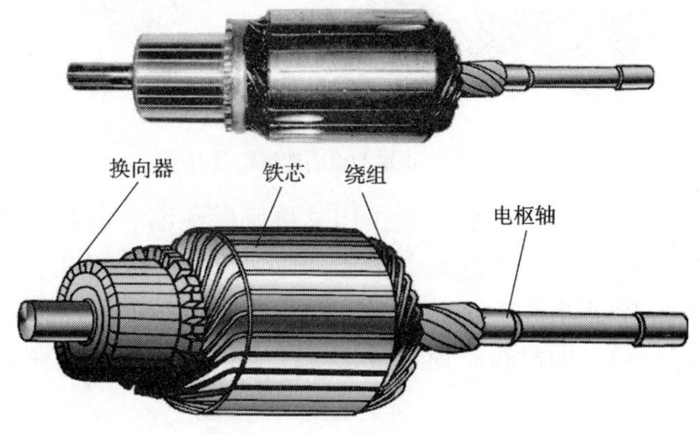

图5-7　电枢（电枢线圈）结构图

电枢的作用是________________________。电枢前后两个球轴承的作用____________________
__________。

(3)行星齿轮机构，如图5-8所示。

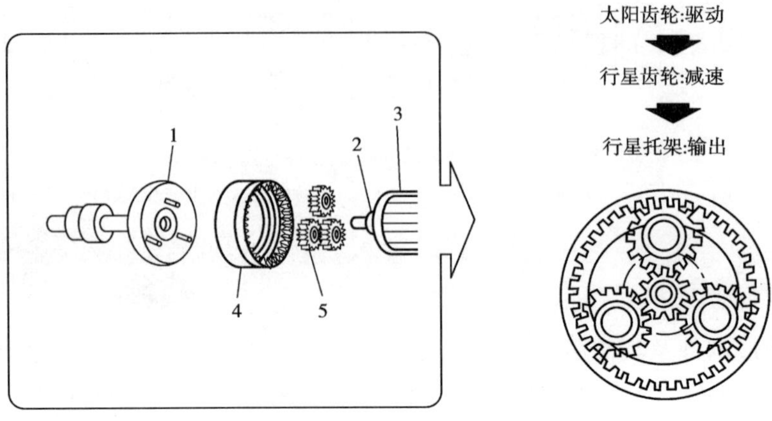

图5-8　行星齿轮机构结构图

1-行星托架(输出元件)；2-太阳齿轮(输入元件)；3-电枢；4-齿圈；5-行星齿轮(惰轮)

行星齿轮机构的作用是将电枢产生的旋转和力矩进行(减速增矩/增速减矩)，确保足够力矩供给发动机起动。

(4)电刷与电刷架，如图5-9所示。

图5-9　电刷与电刷架结构图

电刷分正电刷和搭铁电刷，各两个。电刷的作用是将励磁线圈、电枢线圈和搭铁串联在一起。所以这种起动机是____________________(直流串励电动机/直流并励电动机)。

(5)单向离合器，如图5-10所示。

单向离合器指单向锁定，另一向滑转。锁定时，确保电枢的转动通过驱动齿轮带动发动机飞轮起动；滑转时，防止发动机起动后______________________________。

(6)驱动齿轮和螺旋花键，如图5-11所示。

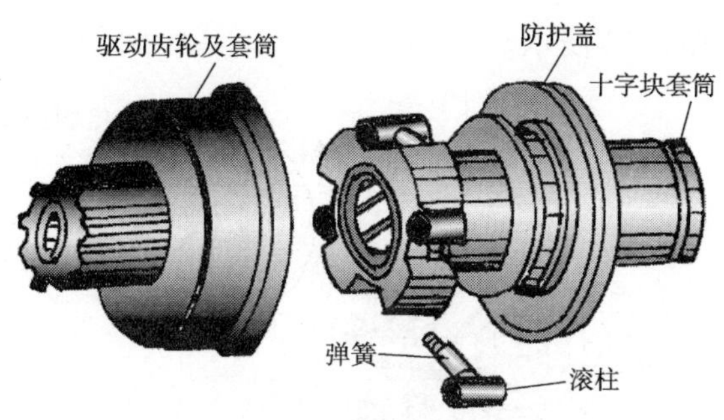

图 5-10　单向离合器结构图

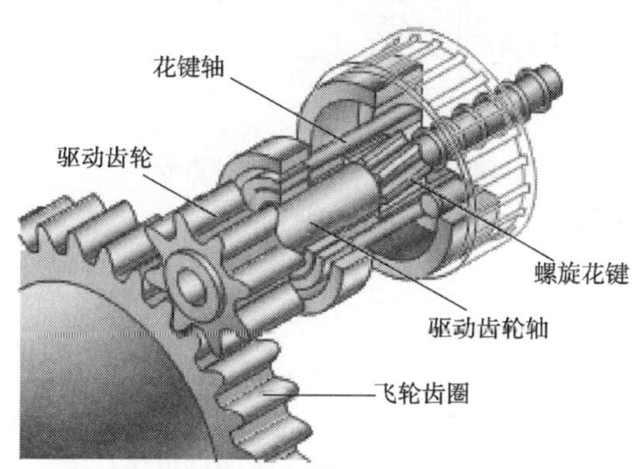

图 5-11　驱动齿轮和螺旋花键结构图

驱动齿轮通过与发动机飞轮齿圈啮合，带动发动机起动。螺旋花键将电枢的旋转力转变成驱动齿轮的驱动力，也支持驱动齿轮的啮合和分开。

2）对直流电动机解体

（1）拆卸起动机磁轭总成，如图 5-12 所示。

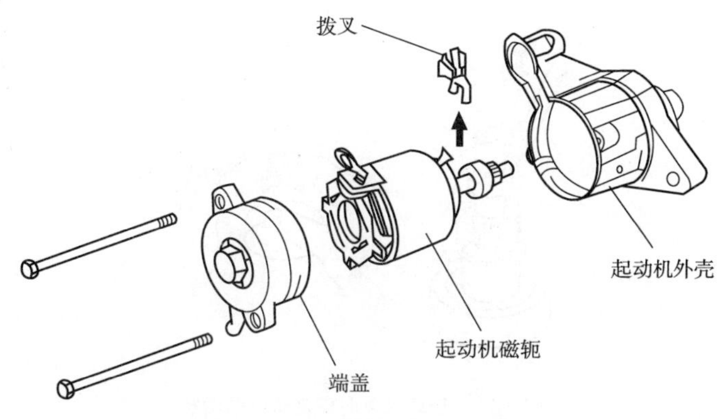

图 5-12　起动机磁轭拆卸图解

①拨叉的作是：____。

②查阅维修手册，结合自己实际操作，请写出电磁开关拆卸步骤和注意事项。

(2)拆卸起动机电刷，如图 5-13 所示。

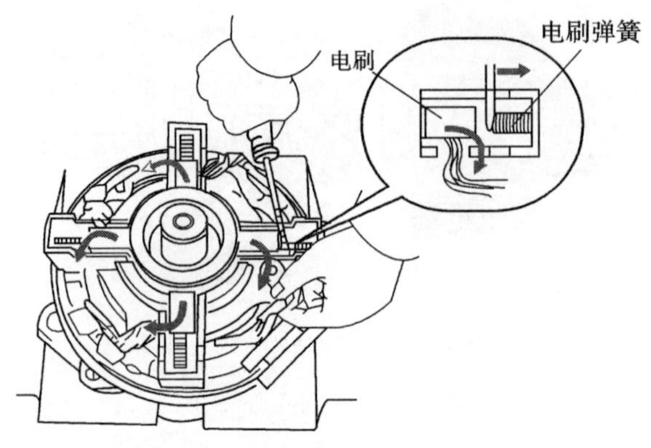

图 5-13　起动机电刷拆卸图解

①如何分辨正电刷和搭铁电刷？

②查阅维修手册，结合实际操作，请写出拆卸起动机电刷的步骤？如何避免电刷弹簧弹出？

(3)拆卸起动机离合器，如图 5-14 所示。

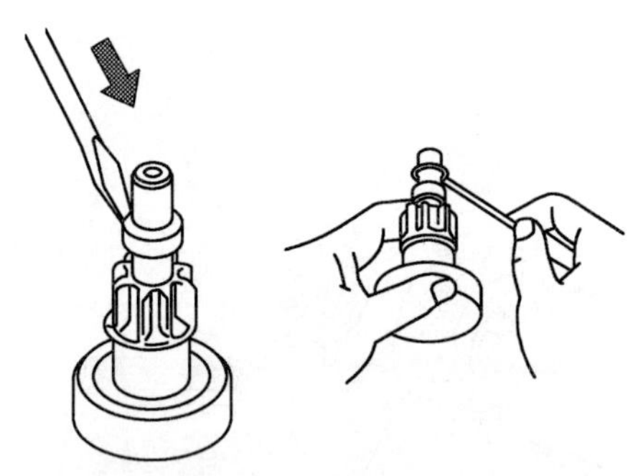

图 5-14　起动机单向离合器拆卸图解

①离合器的作用是：____。

②查阅维修手册，结合自己实际操作，请写出起动机单向离合器拆卸步骤和注意事项。

＊6. 查阅维修手册，对分解的起动机部件进行检查，判断其使用性能并作出相应的措施。(以丰田花冠为例)。

1)起动机部件的检查顺序(图5-15)

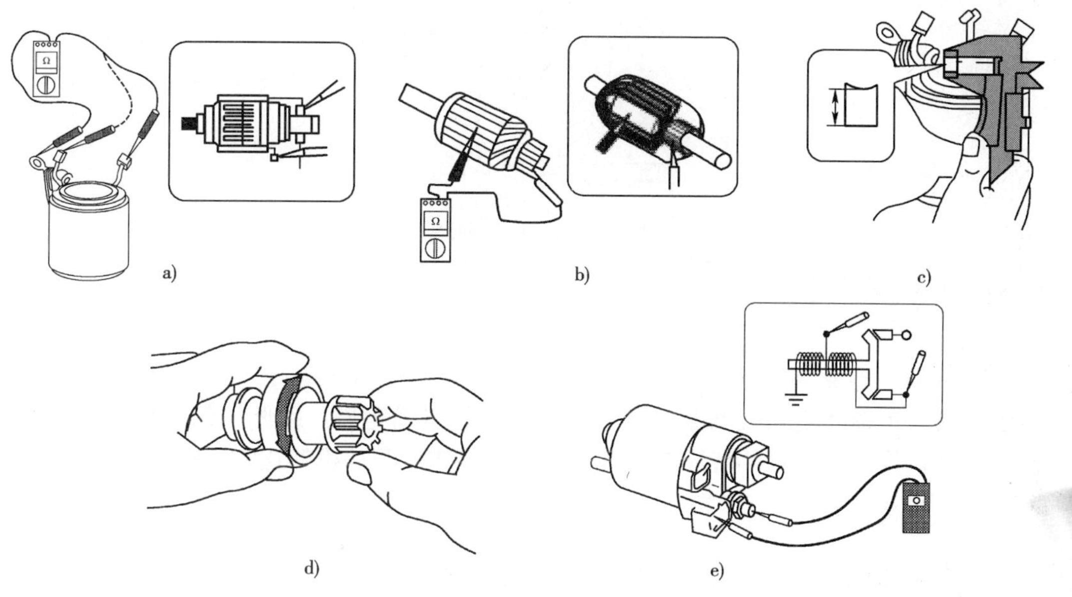

图5-15　起动机部件检查顺序图解

①检查起动机电枢总成。

②检查励磁线圈。

③检查电刷与电刷架。

④检查起动机离合器分总成。

⑤检查电磁起动机开关总成。

2)检查起动机电枢总成(图5-16)

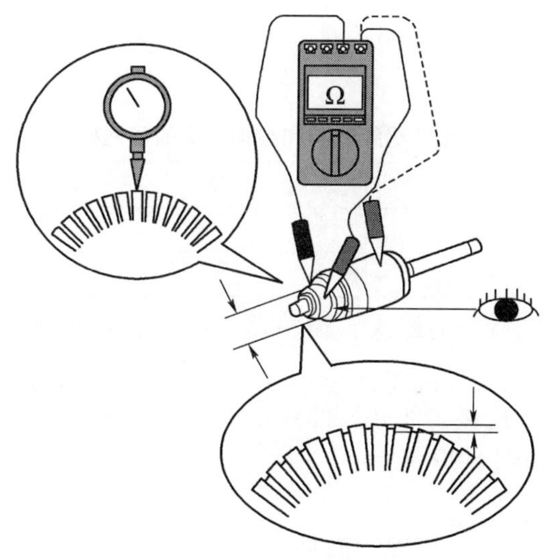

图5-16　起动机电枢总成的检查

(1)检查电枢线圈和换向器变脏的程度或是否烧坏(图 5-17)。

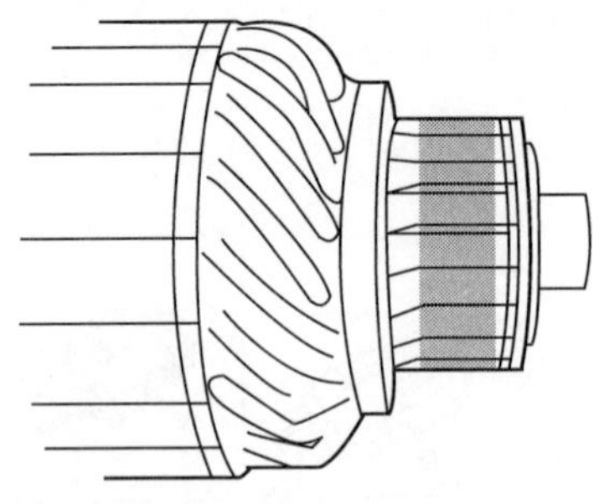

图 5-17　电枢的目测和清洁

(2)清洁：用抹布或者刷子清洁电枢总成。

小提示

通过自转，电枢线圈和换向器接触到电刷，随后接通电流。因此，起动机的换向器很容易变脏和烧坏。换向器变脏和烧坏之后会干扰电流并妨碍起动机的正常运转。

(3)起动机电枢绝缘/导通检查，如图 5-18、图 5-19 所示。

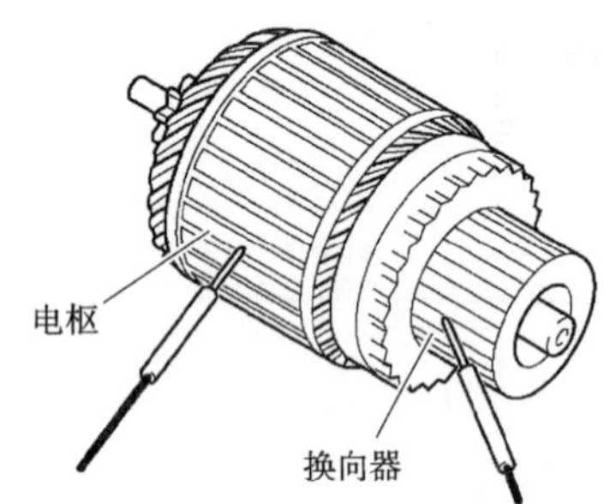

图 5-18　换向器和电枢铁芯之间的绝缘检查

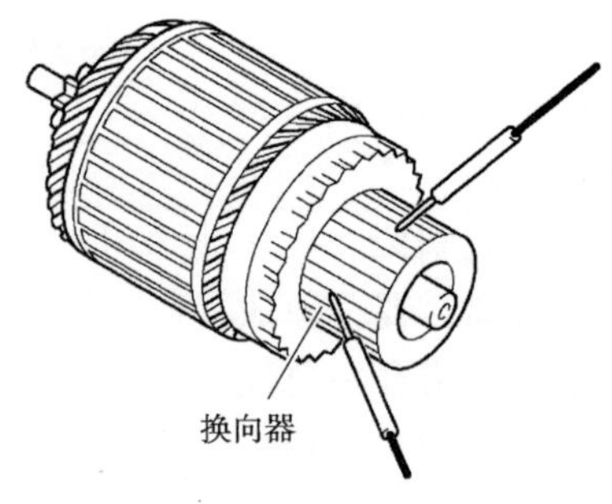

图 5-19　换向器片之间的导通检查

查阅维修手册，规范检查，填写表 5-2：

电枢的绝缘检查和电枢线圈的导通检查　　表 5-2

电枢的检查	电阻测量使用的量程	测　量　值	规　定　值	你 的 结 论
绝缘检查				
导通检查				

电枢铁芯和电枢线圈之间的状态为绝缘，换向器与电枢线圈相连。如果零部件正常，换向器和电枢铁芯之间的状态为绝缘。

每个换向器片通过电枢线圈连接。如果零部件正常，换向器片之间的状态为导通。

(4)换向器圆跳动检查，如图 5-20 所示。

圆跳动过大的危害是：________________________________。

你测量的圆跳动值是：________，规定值是：__________。

你的结论是：__________________________。

(5)换向器外径检查，如图 5-21 所示。

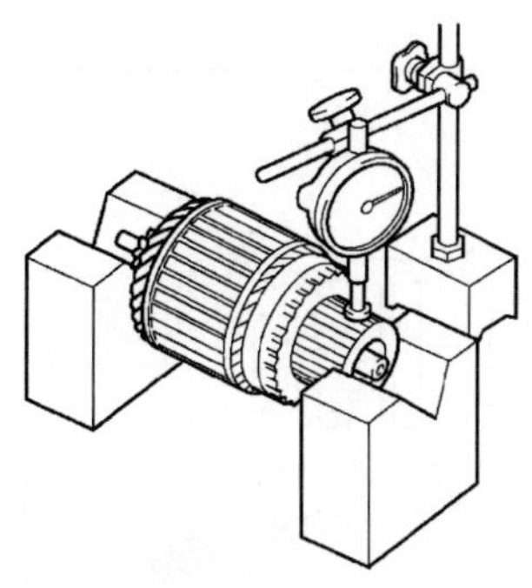
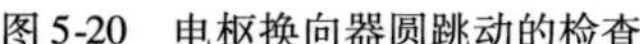
图 5-20　电枢换向器圆跳动的检查

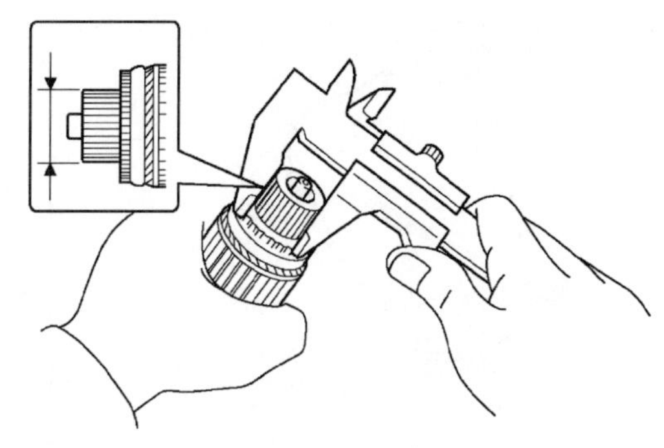
图 5-21　电枢换向器的外径检查

外径磨损过大的危害是：____。
你测量的外径数值是：________，规定值是：__________。
你的结论是：______________________。

小提示

如果各测量值均超过规定范围，请更换电枢总成。

3）检查励磁线圈（图 5-22、图 5-23 和图 5-24）。

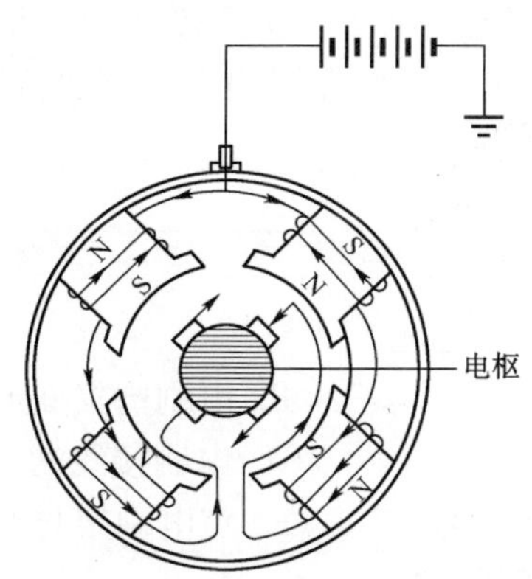

图 5-22　起动机串/并联连接的磁场电路

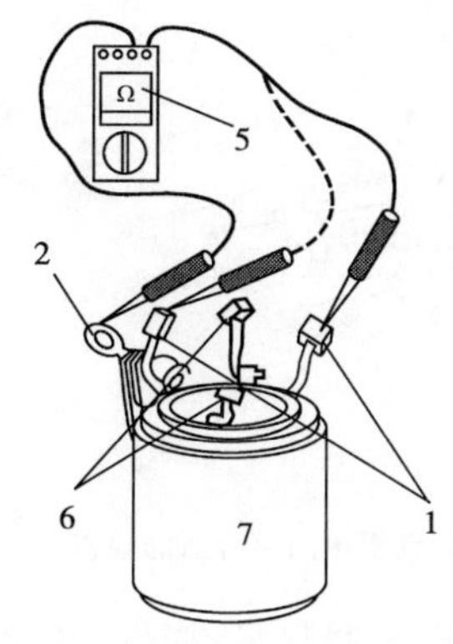

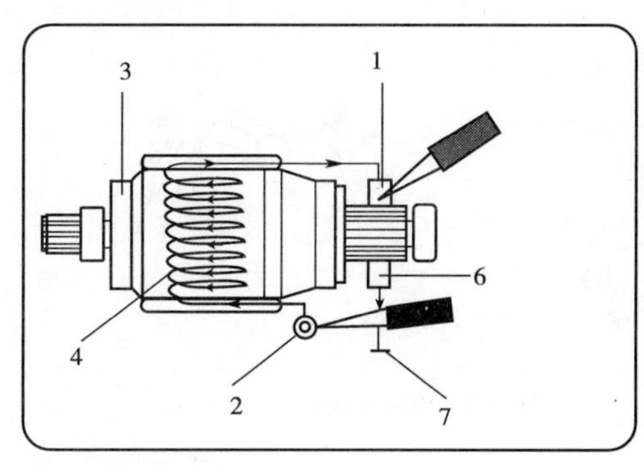

图 5-23　励磁线圈之间的导通检查

1-电刷引线 A 组；2-励磁线圈引线；3-电枢；4-励磁线圈；5-万用表；6-电刷引线 B 组；7-起动机磁轭

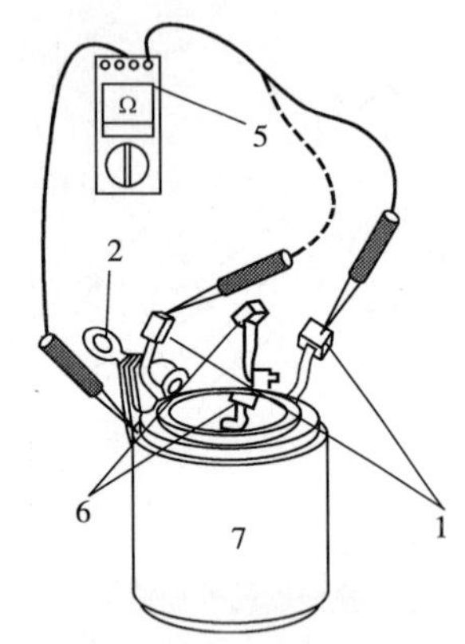

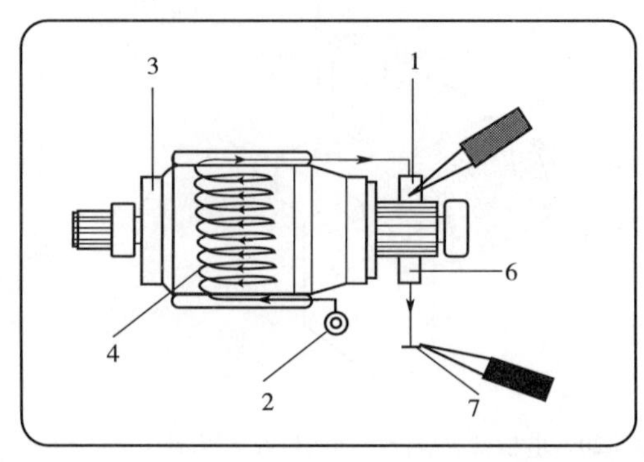

图 5-24 励磁线圈与外壳搭铁绝缘检查

1-电刷引线 A 组；2-励磁线圈引线；3-电枢；4-励磁线圈；5-万用表；6-电刷引线 B 组；7-起动机磁轭

查阅维修手册，规范检查，填写表 5-3：

磁轭的绝缘检查和励磁线圈的导通检查　　表 5-3

励磁线圈的检查	电阻测量使用的量程	测量值	规　定　值	你 的 结 论
绝缘检查				
导通检查				

检查电刷引线和引线之间的导通情况有助于确定励磁线圈中是否发生开路。检查电刷引线和起动机磁轭之间的绝缘情况有助于确定励磁线圈中是否发生短路。

励磁线圈发生开路会导致：______________________________；

励磁线圈发生短路会导致：______________________________。

4)检查电刷与电刷架(图 5-25)

电刷检查时主要检查(　　　)。(多选题)

A. 电刷长度　　B. 电刷磨损面形状

C. 电刷弹簧性能　　D. 电刷接线的可靠性

E. 正电刷架与电刷架底座的绝缘性　　F. 负电刷架与电刷架底座连通可靠性

5)检查起动机单向离合器分总成(图 5-26)

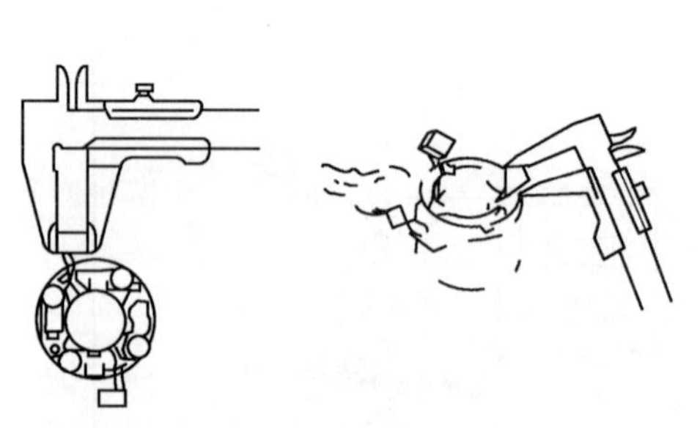

图 5-25 电刷的检查

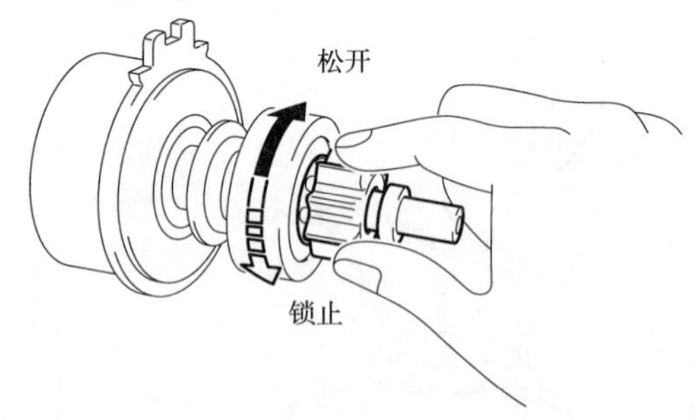

图 5-26 起动机单向离合器的检查

单向离合器仅向一个旋转方向传递转矩。在另一个方向，单向离合器只是空转，不会传递转矩。

用手转动起动机单向离合器，单向离合器是否处于单向锁定状态________(是/不是)。如果单向离合器打滑，会导致______________________________后果，如果单向离合器双向都锁定，又

会产生________________________________危害。

6)检查电磁起动机开关总成(图 5-27、图 5-28 和图 5-29)

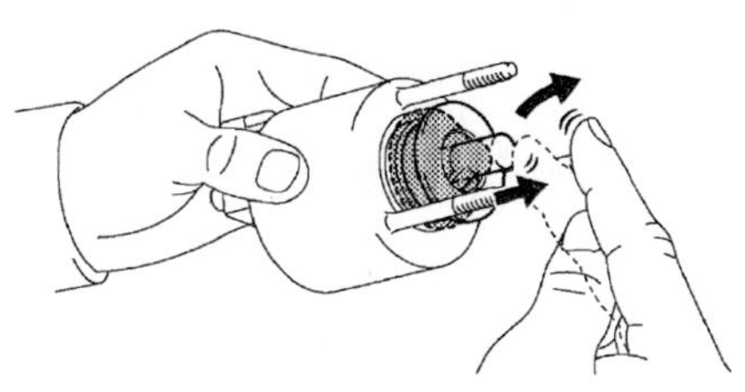

图 5-27　励磁线圈与外壳搭铁绝缘检查

用手指按住柱塞。松开手指之后，检查柱塞是否很顺畅地返回其原来位置。

由于开关在柱塞中，如果柱塞无法顺畅地返回其原始位置，开关的接触将变弱，因此无法打开/关闭起动机。

当压入可动铁芯时，用欧姆挡检查端子 30 与端子 C 之间(主触点)应为连通状态。如果有________，说明主触点接触不良。

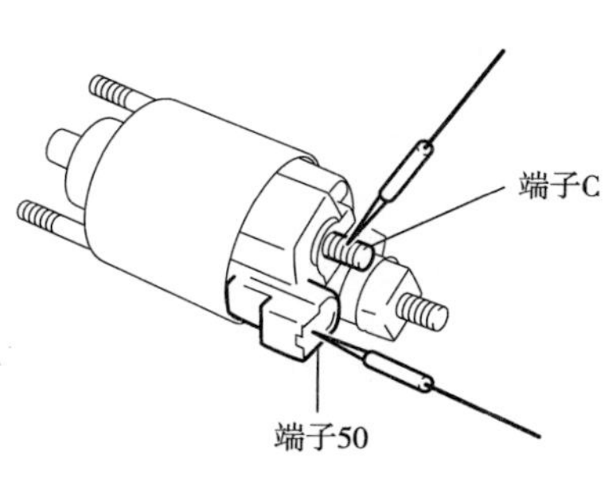

图 5-28　电磁开关的吸引线圈电阻值测量

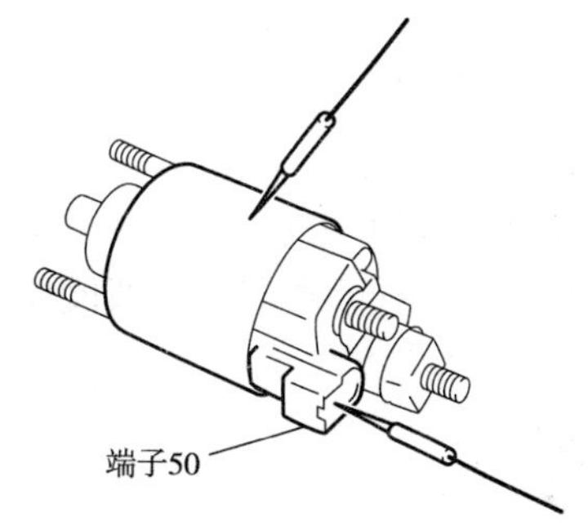

图 5-29　电磁开关的保持线圈电阻值测量

(1)查阅维修手册，规范检查，填写表 5-4。

电磁开关的牵引线圈和保持线圈电阻检查　　表 5-4

电磁开关的检查	电阻测量使用的量程	测量值	规定值	你的结论
吸引线圈				
保持线圈				

(2)保持线圈断路，将导致：________________________________。

(3)吸引线圈和保持线圈的电阻哪个大？请你解释原因。

7)经过检查，填写表 5-5，为维修起动机提供依据

请将各检测数据和分析结论填写在表 5-5 中。

起动机检修表　　表 5-5

检查项目	检测结果		分析结论
	标准值	检测值	
电枢线圈通断			
电枢线圈绝缘			
换向器直径			
励磁线圈通断			
励磁线圈绝缘			
电刷长度			
电刷弹簧压力			
电刷搭铁和绝缘			
驱动齿轮和单向离合器			
吸引线圈			
保持线圈			

你作出更换哪些零、部件的决策建议，应注意什么问题？

①

②

＊7. 查阅维修手册，规范组装起动机(以丰田花冠为例，见图 5-30)。

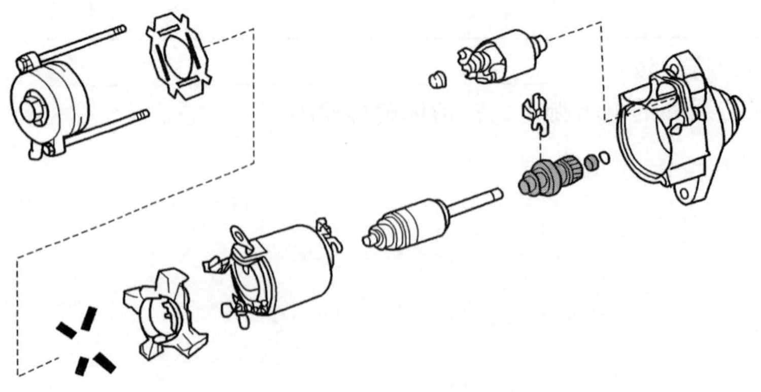

图 5-30　起动机分解图

1)安装起动机中间轴承离合器分总成(图5-31)

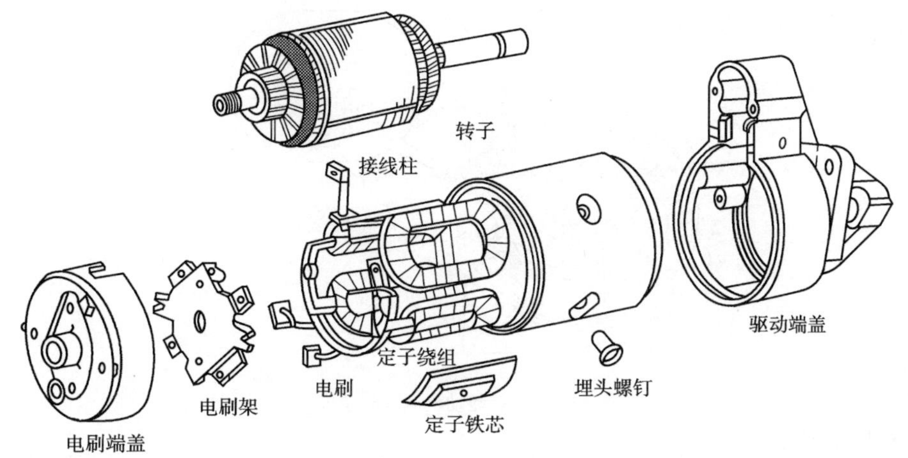

图5-31　安装起动机中间轴承离合器分总成

(1)起动机中间轴承离合器作用是____。

(2)查阅维修手册，结合你的实际操作，请写出本步骤的分解动作。

2)安装行星齿轮(图5-32)

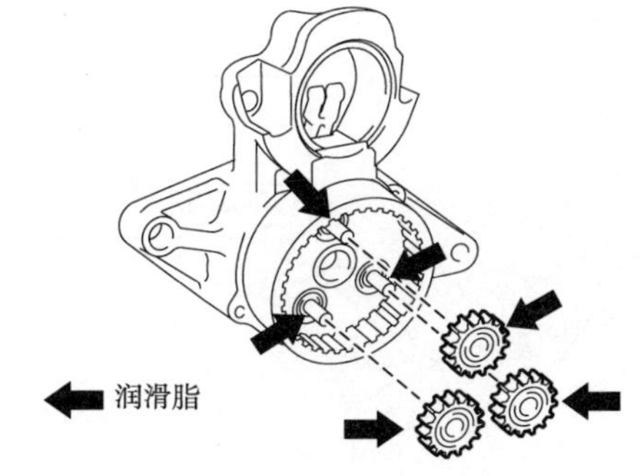

图5-32　安装行星齿轮

(1)润滑脂的作用是______________________________，行星齿轮的作用是__________________________________。

(2)查阅维修手册，结合你的实际操作，请写出本步骤的分解动作。

3)安装起动机电刷架总成(图5-33)

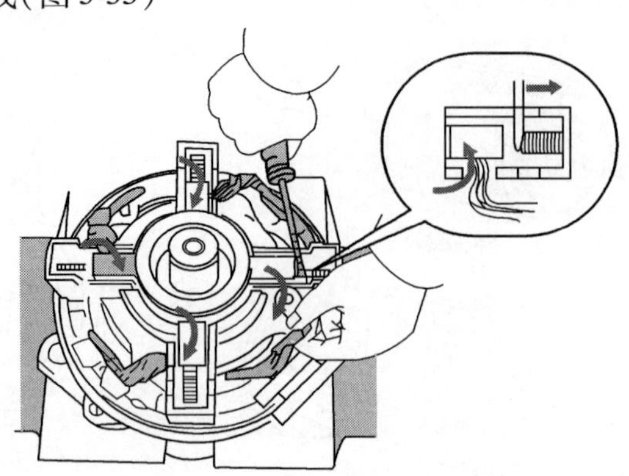

图5-33　安装起动机电刷架总成

(1)电刷弹簧松软会导致______________________________。

(2)电刷架与电枢的安装比较难到位，在实践中，你有没有什么好方法解决这一困难?

(3)查阅维修手册，结合你的实际操作，请写出本步骤的分解动作。

4)安装起动机换向器端盖总成(图5-34)

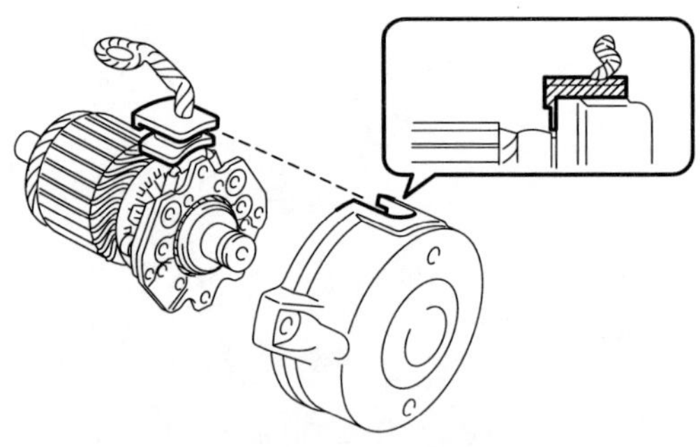

图5-34　安装起动机换向器端盖总成

查阅维修手册，结合你的实际操作，请写出本步骤的分解动作。

5）安装起动机电枢总成（图5-35）

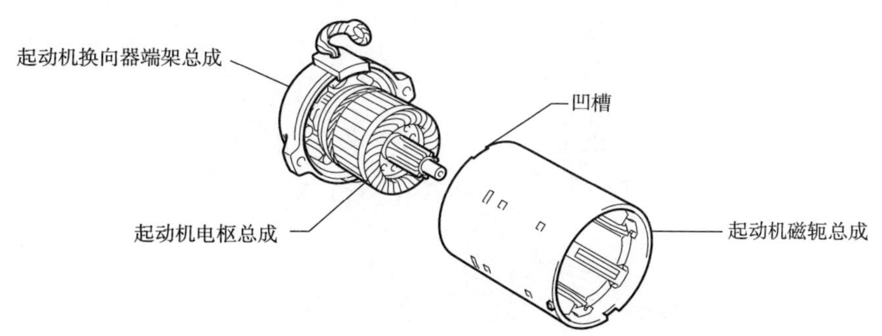

图5-35　安装起动机电枢总成

查阅维修手册，结合你的实际操作，请写出本步骤的分解动作。

6）安装起动机中间轴承离合器分总成（图5-36）

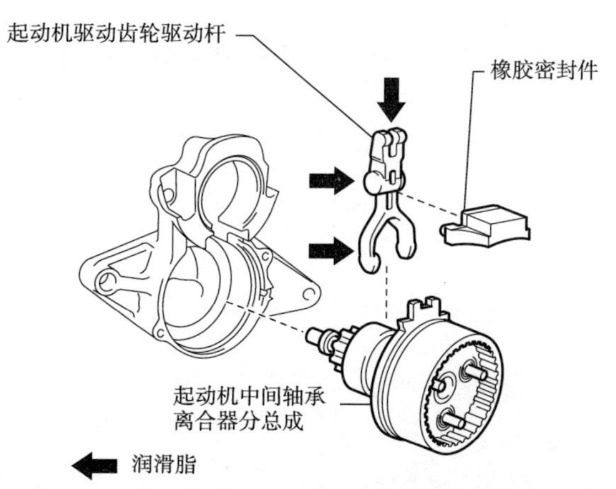

图5-36　安装起动机中间轴承离合器分总成

查阅维修手册，结合你的实际操作，请写出本步骤的分解动作。

7)安装起动机磁轭总成(图5-37)

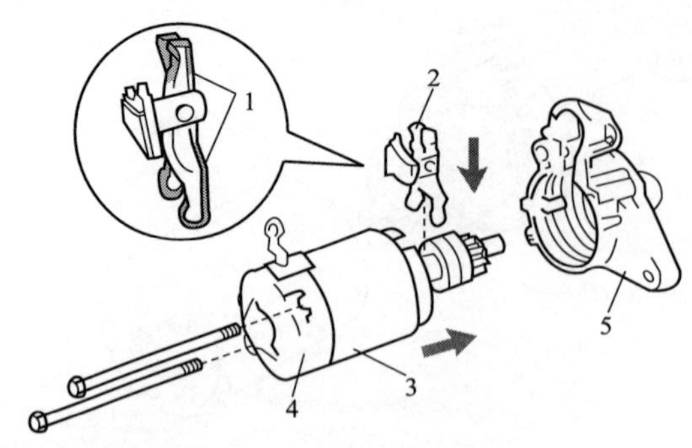

图5-37　安装起动机磁轭总成

1-润滑脂；2-拨叉；3-起动机磁轭；4-端盖；5-起动机外壳

(1)拨叉与离合器分总成没有卡住，会导致__________________________的危害。

(2)起动机是如何搭铁的？请你解释。

(3)查阅维修手册，结合你的实际操作，请写出本步骤的分解动作。

8)安装电磁开关总成(图5-38)

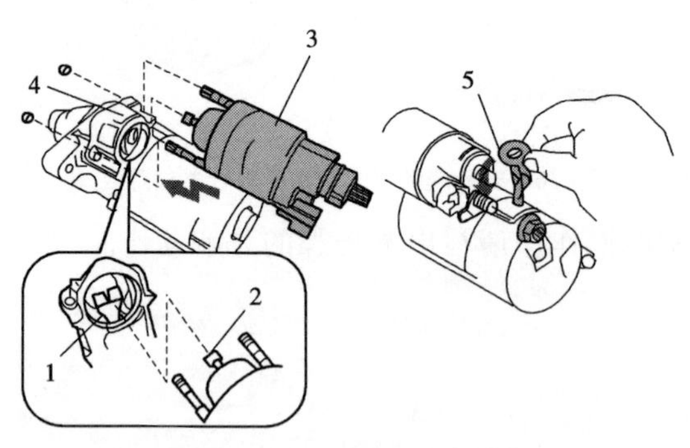

图5-38　安装起动机电磁开关总成

1-拨叉；2-柱塞钩；3-电磁开关；4-起动机外壳；5-引线

(1)如果拨叉没有挂住柱塞钩，将导致____________________后果。

(2)引线的绝缘胶套开裂，将导致______________________后果。

(3)查阅维修手册，结合你的实际操作，请写出本步骤的分解动作。

***8. 起动机经过解体、检查和装复后，使用检测台测试起动机性能，确保维修质量符合使用标准。**

1)起动机的基本要求

(1)起动机的功率应和发动机起动所必需的功率相匹配，通常需要大约1.5kW的功率或接近250～500A的电流，柴油发动机所需要的起动电流更大。

(2)蓄电池的容量必须和起动机的功率相匹配，保证向起动机提供足够大的起动电流和必要的持续时间。

2)牵引测试(图5-39)

检查起动机电磁开关是否正常。

(1)为防止起动机转动，从端子C断开励磁线圈引线。

(2)将蓄电池正极(+)端子连接到端子50上。

(3)将蓄电池负极(-)端子连接到起动机体和端子C上，检查驱动齿轮是否露出。

电流流入吸引线圈和保持线圈，检查驱动齿轮________(伸出/不伸出)。如果驱动齿轮没有伸出，说明______________________，更换起动机电磁开关总成。

3)保持测试(图5-40)

检查保持线圈是否正常。

(1)牵引测试之后，当驱动齿轮伸出时，从端子C断开测试引线。

(2)检查驱动齿轮是否保持伸出状态。

断开测试引线A(该引线连接蓄电池负极端子和端子C)，从端子C断开流入吸引线圈的电流，让电流仅流入保持线圈。驱动齿轮________(能/不能)保持伸出状态，如果不能，说明______________________，请更换起动机电磁开关总成。

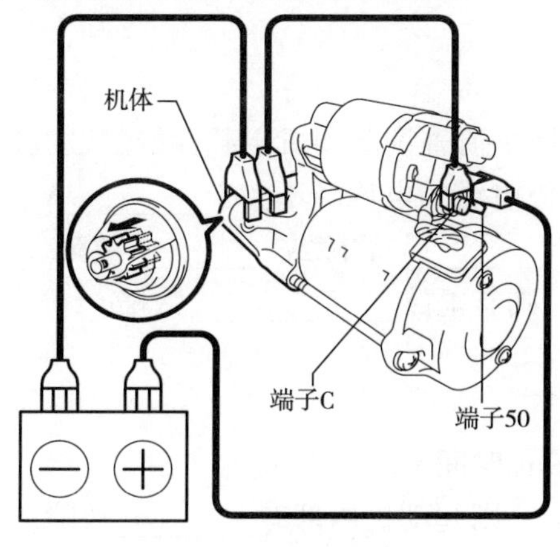

图5-39　起动机的牵引测试

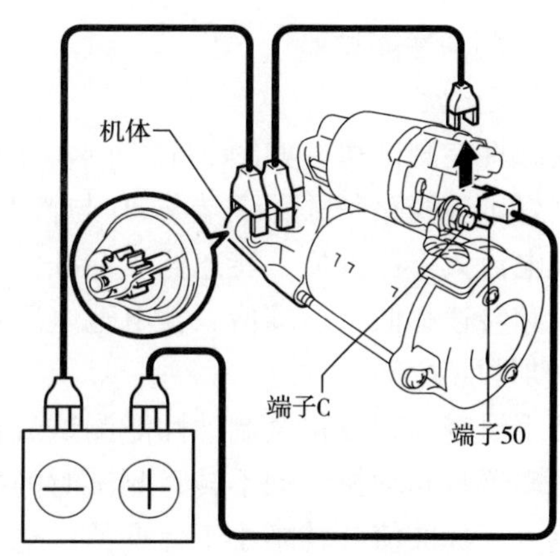

图5-40　起动机的保持测试

4)检查驱动齿轮间隙

检查驱动齿轮的伸出量，如图5-41所示。

在保持测试状态下，测量驱动齿轮和止动环之间的间隙。

此间隙的测量值：________，规定值是________。如果此间隙超出规定值范围，说明________________________，请更换起动机电磁开关总成。

5)驱动齿轮返回测试

检查驱动齿轮是否返回其原始位置，如图5-42所示。

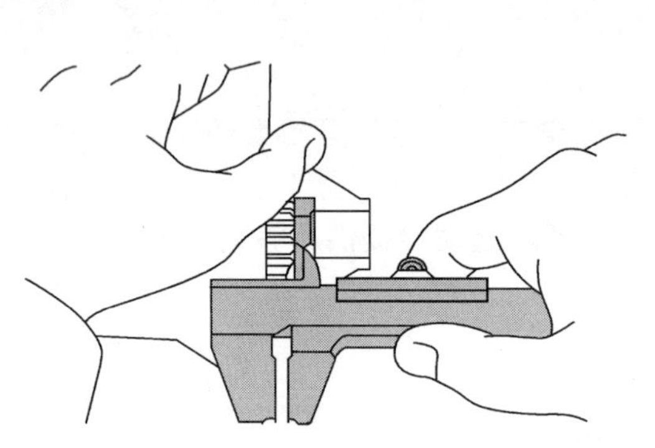

图5-41 起动机驱动齿轮间隙测量

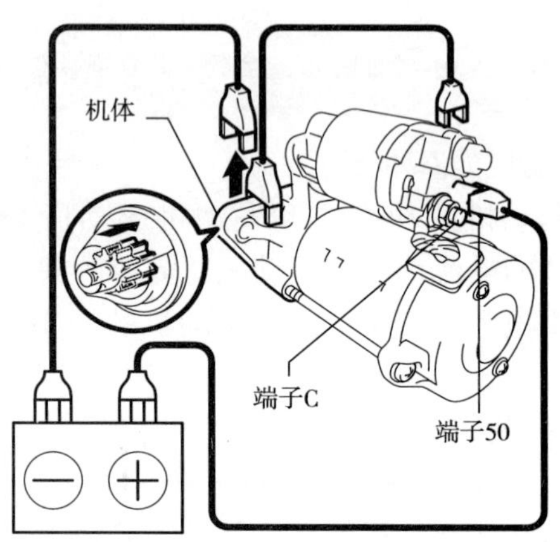

图5-42 起动机的驱动齿轮回位测试

(1)保持测试后当驱动齿轮伸出时，从起动机体断开搭铁线。

(2)确认驱动齿轮返回其原始位置。

断开搭铁线，将会断开流向________ 的电流。如果驱动齿轮未返回其原始位置，说明________________________，请更换起动机电磁开关总成。

小提示

发动机起动后，起动机驱动齿轮应能自动与发动机飞轮退出啮合或滑转，防止发动机带动起动机旋转。

6)空载和全制动性能试验

(1)空载性能试验

起动机空载性能测试机，如图5-43所示。使用维修手册查询起动机空载性能测试流程。

按要求接好试验线路，并保证端子30与蓄电池正极电缆的电压降不大于________V。

如果测试电流大于标准值、转速低于标准值，则有________ 故障或________ 故障。

如果电流和转速都低于标准值、蓄电池电压正常，则有电路____________故障。

(2)全制动性能试验

使用维修手册查询起动机全制动性能测试流程。

用鼓式制动器将起动机制动不转，测试时的抱死最长时间≤________s。

如果电流大于标准值、转矩小于标准值、电压较低，则起动机内部有________故障。

如果电流和转矩都小于标准值、电压高，则电路连线或电刷与换向器之间接触________。

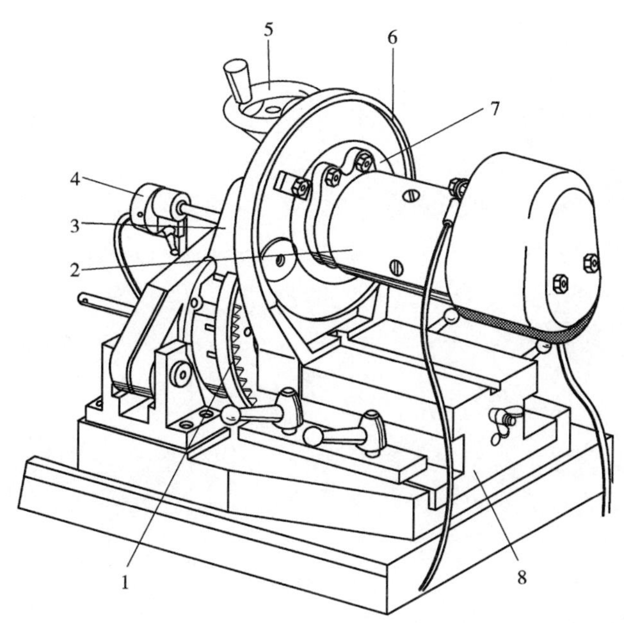

图 5-43　博世公司起动机综合性能试验台

1-齿圈；2-起动机；3-护罩；4-转速传感器；5-手轮；6-夹紧角；7-夹紧法兰；8-夹紧台

小提示

用蓄电池向起动机长时间供电会烧坏线圈，因此测试时间限定为 3 ~5s。在测试中，电流会随起动机电动机的不同而略有不同，预先查阅维修手册，务必使用适当容量足够大的安培计和引线。

***9. 将测试合格的起动机重新安装到发动机上，进行起动试车，操作步骤参阅学习任务 4 中更换起动机的步骤方法，并记录操作要点。**

小词典

起动机种类繁多，具体结构和原理不尽相同，除了常见的行星齿轮减速型起动机，常见的还有以下三种。

(1)传统型起动机：驱动齿轮与电枢以相同________旋转，无________机构。

(2)外啮合减速型起动机：通过________________降低电枢转速，增加力矩。

(3)行星减速-整流导体(PS)型起动机：该类型起动机使用____________产生磁场，并通过传动杆使驱动齿轮与飞轮齿圈啮合或脱开。

学习拓展

在发动机由停机状态开始起动时，起动机的转矩不仅要克服发动机各轴承处的静摩擦，并且还与发动机的负载有关。根据发动机所需的最低起动转速和转矩，可得到发动机所需的起动功率，因此，就可得到起动机所要求的功率。起动机的实际功率也与蓄电池和起动机间的连接电缆、蓄电池内阻有关。

1)起动机的功率

起动机的功率可使用下式计算：

$$P = T\omega$$

式中，P 为功率；T 为转矩；ω 为角速度。

例如：一台发动机需要最小的曲轴旋转速率为70r/min，所需的转矩达到9.6N·m。在飞轮齿圈齿数与起动机驱动齿轮齿数比为14:1时，则起动机驱动齿轮的转速需要980r/min，如果将此转速转换为角速度，则：

$$\omega = 2\pi n/60$$

计算的结果为102rad/s。

$$P = T\omega$$

$$P = 9.6 \times 102 = 979\text{W} \approx 1\text{kW}$$

2)起动机的工作效率

$$工作效率 = 输出功率/输入功率 \times 100\%$$

目前大部分起动机的工作效率在60%左右。

该起动机要求输入的功率为1kW/60% =1.67kW。

产生损失的原因主要是铁损失(磁滞损耗)、铜损失(线圈电阻损耗)和机械损失(摩擦、风阻损耗)。因此，1kW的起动机，在效率为60%时，该起动机需要的供给大约是1.7kW。

对于一个蓄电池为12V的电源来说，起动机起动时要确保能输出足够大的功率，在允许一定电压降的情况下，大约需要170A的电流才能达到要求。因此，在起动前应对蓄电池的技术状态进行检查，为客户提供咨询服务。

三、评价反馈

1)维修案例分析

故障症状：一辆2004款花冠汽车，起动时，有时起动机转动能将发动机起动；有时则不转动。在起动机不转动时，其电磁开关有吸动的“嗒、嗒”声。

故障排除：根据用户反映，首先判断可能是蓄电池严重亏电，导致发动机无法起动。用钥匙起动发动机竟发现起动机不转、无打齿声音，很明显起动机线路上没有电流通过。为了确诊，又测了蓄电池电压，发现蓄电池电压12.65V，正常，估计是起动线路出了问题。

接下来进行起动机就车检查，就车检查发现起动机线路没有问题。然后把起动机从发动机上拆下来，解体检查。检查中发现它的四只电刷过度磨损，整流子表面有明显的烧痕。由于电刷和整流子接触不良，造成了起动机时转时不转的故障。用砂纸把整流子表面修复，再更换四只新的电刷，将起动机修复后装车试验。此时打起动机，起动机正常驱动发动机，发动机也顺利着车。故障完全排除。

根据以上案例，回答以下问题。

(1)起动机转动缓慢无力，甲认为，起动机本身故障，乙认为蓄电池电量不足，你认为(　　)。

A. 甲对　　B. 乙对　　C. 甲乙都对　　D. 甲乙都不对

(2)讨论起动机励磁线圈与电枢线圈的连接方式，甲认为串联，乙认为并联，你认为(　　)。

A. 甲对　　B. 乙对　　C. 甲乙都对　　D. 甲乙都不对

(3)起动机电刷的高度若不符合要求，则应予以更换。一般电刷高度不应低于标准高度的(　　)。

A. 1/2　　B. 2/3　　C. 1/4　　D. 1/5

(4)为了获得足够的转矩，通过电枢绕组的电流很大，一般汽油机的起动电流为(　　)。

A. 20～60A　　B. 100～200A　　C. 200～600A　　D. 2000～6000A

(5)起动机电刷张紧弹簧是什么类型弹簧？有什么作用？

2)学习自测题

完成本工作任务后，请你参阅有关资料，回答下面的问题。

(1)为什么起动机能够在短时间内产生较大的输出功率？

(2)当起动发动机时，电磁铁发出“卡嗒”噪声，下列(　　)不是故障原因。

A. 蓄电池电压过低　　B. 空挡开关损坏

C. 起动继电器电压过低　　D. 保持线圈断路

(3)起动机工作时，检测搭铁电缆的电压降＞0. 3V，下列(　　)不是故障原因。

A. 蓄电池搭铁不良　　B. 起动机固定螺栓松动

C. 蓄电池电压过低　　D. 蓄电池搭铁电缆断股

(4)将电压表的表笔接在蓄电池正极电缆至起动机端子30之间，起动发动机时，如果此电压降较大，会产生什么后果？

(5)在没有断开蓄电池电缆时，为什么不能先拆卸起动机？

(6) 如果发现驱动齿轮室有裂纹情况时，为什么要更换起动机?

(7) 为了让换向器与电刷接触良好，你需要做些什么工作?

①

②

3) 维修信息获取练习

(1) 通过查阅维修手册，针对喇叭声响低弱，车灯灯光暗淡，起动机转动无力(图 5-44)的现象，运用所学知识和收集的信息，在各小组内讨论、分析，然后合作制订一份起动机解体维修的工作计划，并选出代表，在课堂上交流实施的要求、决策建议和整个工作过程。

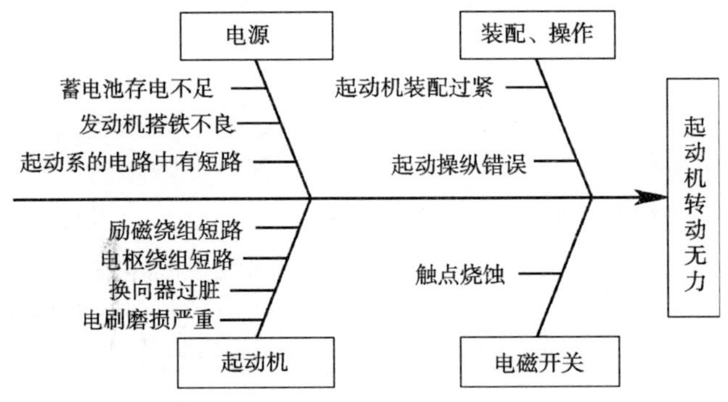

图 5-44　起动机转动无力

(2) 通过查阅维修手册，找出丰田 2007 款卡罗拉 2ZR-FE 起动系统起动机吸引线圈、保持线圈、励磁线圈的标准电阻值是多少? 请写在下面。

4）学习目标达成度的自我检查表（表5-6）

自我检查表　　表5-6

序号	学习目标	达成情况（在相应的选项后打“√”）		
		能	不能	不能是什么原因
1	叙述起动机的结构和各元件的作用			
2	叙述起动机大修的主要过程和主要注意事项			
3	查阅维修手册，制订计划并能够执行起动机大修的各个步骤			
4	能解释其他类型的起动机与行星轮减速型起动机的异同			

5）日常表现性评价（由小组长或者组内成员评价）

（1）工作页填写情况。（　　）

A. 填写完整　　B. 缺失0～20%

C. 缺失20%～40%　　D. 缺失40%以上

（2）工作着装是否规范？（　　）

A. 穿着校服（工作服），佩戴胸卡　　B. 校服或胸卡缺失一项

C. 偶尔会既不穿校服又不戴胸卡　　D. 始终未穿校服、佩戴胸卡

（3）能否主动参与工作现场的清洁和整理工作？（　　）

A. 积极主动参与5S工作

B. 在组长的要求下能参与5S工作

C. 在组长的要求下能参与5S工作，但效果差

D. 不愿意参与5S工作

（4）起动发动机时，有无进行安全检查并警示其他同学？（　　）

A. 有安全检查和警示　　B. 有安全检查无警示

C. 无安全检查，无警示

（5）是否达到全勤？（　　）

A. 全勤　　B. 缺勤0～20%（有请假）

C. 缺勤0～20%（旷课）　　D. 缺勤20%以上

（6）总体印象评价。（　　）

A. 非常优秀　　B. 比较优秀　　C. 有待改进　　D. 急需改进

（7）其他建议：

小组长签名：＿＿＿＿＿＿　＿＿＿＿年＿＿＿＿月＿＿＿＿日

6）教师总体评价

（1）对该同学所在小组整体印象评价：（　　）

A. 组长负责，组内学习气氛好

B. 组长能组织组员按要求完成学习任务，个别组员不能达成学习目标

C. 组内有 30% 以上的学员不能达成学习目标

D. 组内大部分学员不能达成学习目标

(2)对该同学整体印象评价：

____

____

____。

教师签名：____________ ________年________月________日

学习任务6　传统点火系统元件检测与更换

学习目标

完成本学习任务后，你应当能：

1. 叙述传统点火系统的组成和功能；
2. 能够区分点火系统的初级电路和次级电路，描述其工作过程；
3. 检测判断传统点火系统各元件是否正常工作；
4. 规范地进行传统点火系统故障的诊断与排除。

建议完成本学习任务为10学时

学习内容的结构

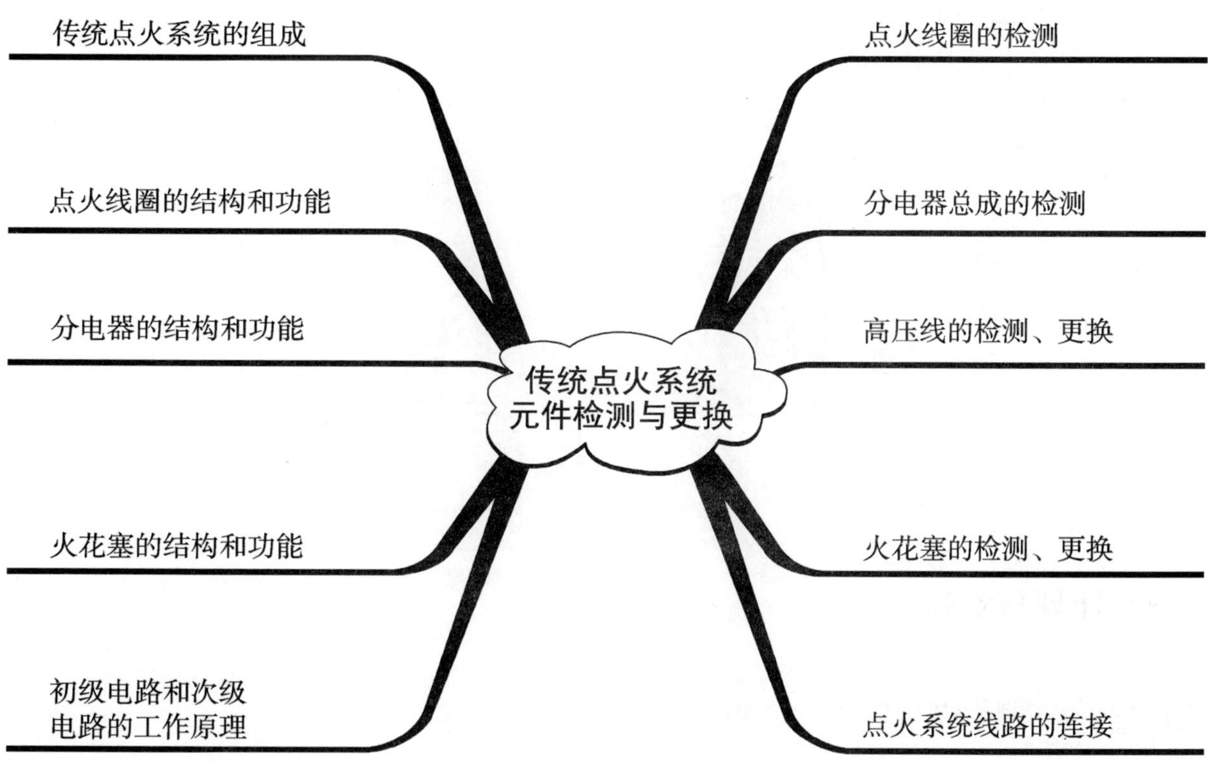

学习任务描述

请按专业水平对传统点火系统进行检查，针对检查的结果或有关现象，判断故障的原因，维修或更换点火系统相关元件，解决点火系统的故障。

汽车发动机在起动后，为了持续运转做功，必须依靠点火系统点燃各缸中的可燃混合气，对外输出功率。虽然点火系统在经历了传统点火系统、晶体管点火系统之后，发展到计算机控制的电子点火系统，但点火原理却相似。因此，认识传统点火系统的结构和学会相应元件检测与更换的工作过程，是进一步学习电子点火系统的基础。

一、学习准备

***1. 传统点火系统能可靠的工作是汽油发动机正常运转的重要保障，传统点火系统的功用是什么呢?**

点火系统的基本功用是在发动机各种工况和使用条件下，在气缸内适时、准确、可靠地产生电火花，以点燃可燃混合气，使发动机作功。

***2. 传统点火系统由哪些元件组成(图 6-1)? 选择正确的零件名称，把序号写在相应的方框内。**

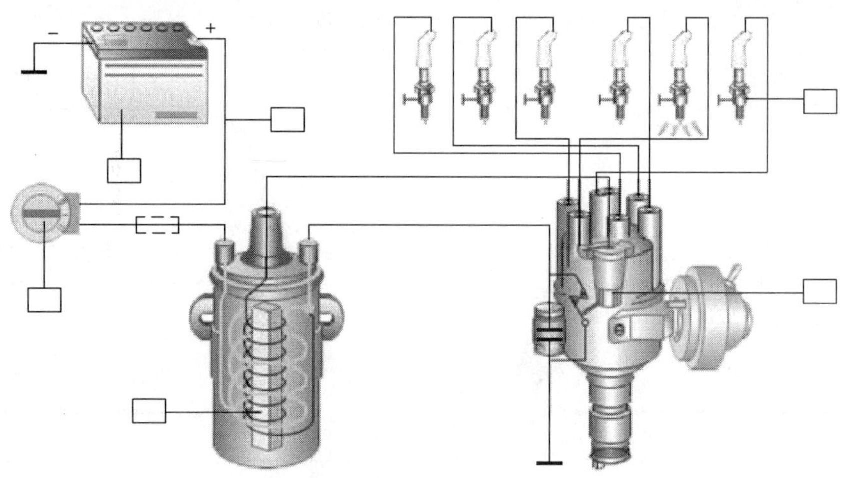

图 6-1　传统点火系统的组成

1-蓄电池；2-点火开关；3-点火线圈；4-分电器；5-火花塞；6-点火线路

二、计划与实施

***3. 点火线圈是传统点火系统中产生高压电的元件，如何对其进行检测?**

(1)外观检查，将图 6-2 中点火线圈各部位的名称注明。

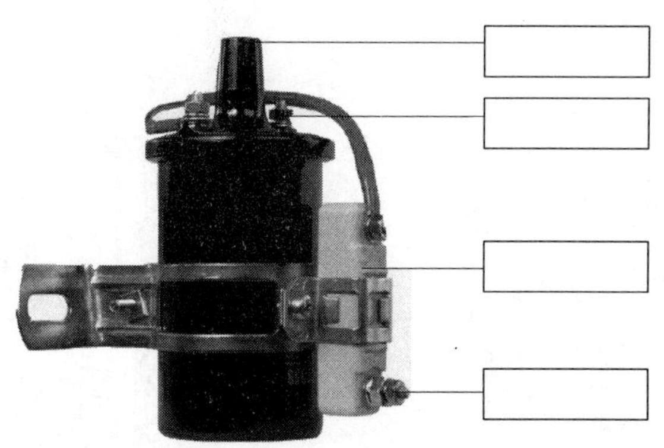

图 6-2　点火线圈外观图

检查点火线圈外壳有无破损、裂纹，点火线圈内的填充物是否冒出。把结果填写在表 6-1 中。

点火线圈外观检查　表 6-1

	有	无	结　论
外壳有无破损、裂纹			
表面是否有油冒出			

(2)检查点火线圈的初级电阻(图 6-3)，记录数据见表 6-2；检查点火线圈的次级电阻(图 6-4)，记录数据见表 6-3。

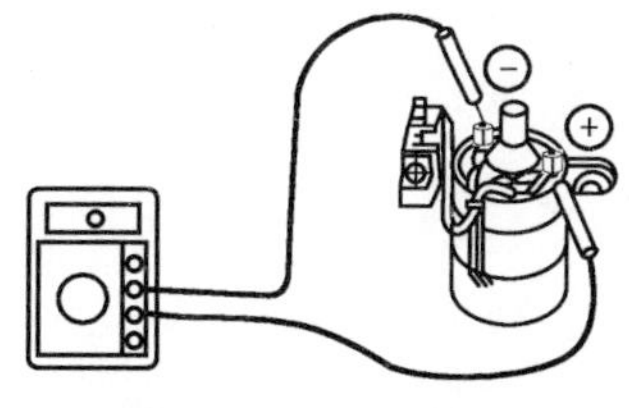

图 6-3　测量初级线圈电阻

初级线圈电阻测量　表 6-2

项　目	标　准　值	测　量　值	结　论
导通电阻			
绝缘电阻			

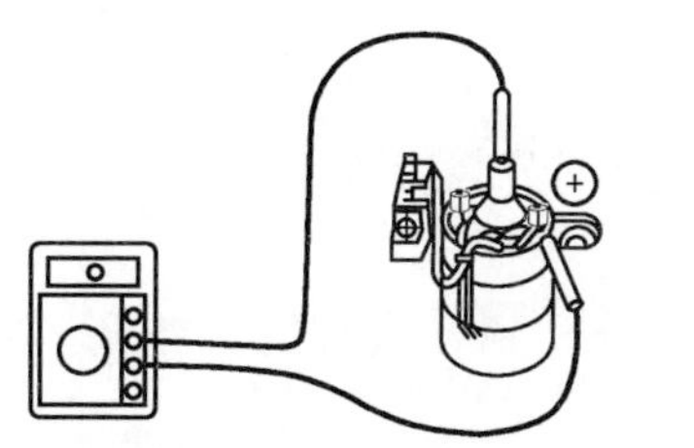

图 6-4　测量次级线圈电阻

次级线圈电阻测量　表 6-3

项　目	标　准　值	测　量　值	结　论
导通电阻			
绝缘电阻			

图 6-5 所示为两接线柱点火线圈的结构图，点火线圈由 1-高压线接头；2-点火线圈“＋”接线柱；3-点火线圈“－”接线柱；4-初级线圈；5-次级线圈；6-导磁铁芯；7-外壳等组成，请把相应名称的序号填入图 6-5 的空格处。

小提示

不同车型的点火线圈的导通电阻和绝缘电阻的标准值可能会有所不同，具体的数值需要根据实际检测的车型查阅相关的资料或维修手册。

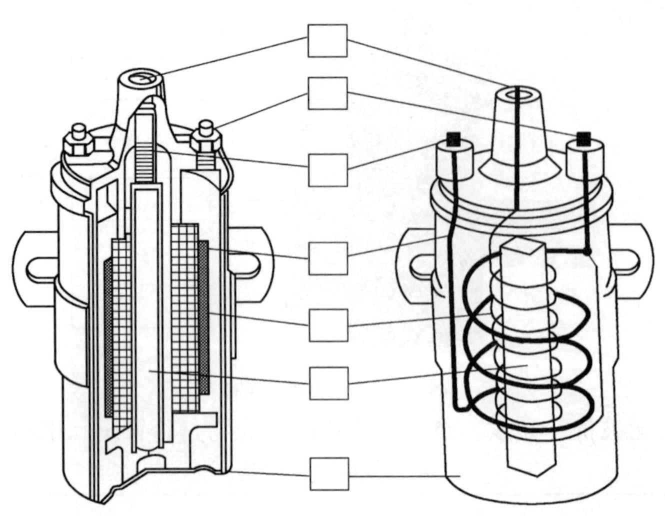

图 6-5　点火线圈的组成

(3)点火线圈的作用是将蓄电池或发电机提供的低压电，变为能击穿火花塞电极间隙的压高电。高压电的产生主要是当初级线圈电路断开时，次级线圈由于电磁感应会产生一个较高的电压。当点火线圈的初级线圈断路时，点火系统会出现什么现象?

＊4. 分电器总成由哪些元件组成？你应如何检测？

传统点火系统的分电器能起到断开与接通初级线路、按汽缸点火次序定时的将高压电流传至各汽缸火花塞这两个作用，分电器主要由配电器、断电器、电容器、点火提前调节装置等组成。

1)配电器

配电器用来将点火线圈中产生的高压电，按发动机的工作次序轮流分配到各汽缸的火花塞。它主要由胶木制成的分电器盖和分火头组成(图 6-6)。

图 6-7 所示为每个侧电极和转子电极之间存在的间隙。

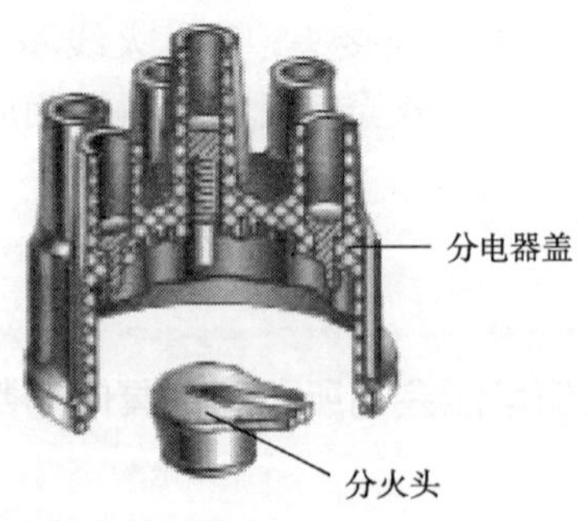

图 6-6　配电器的组成

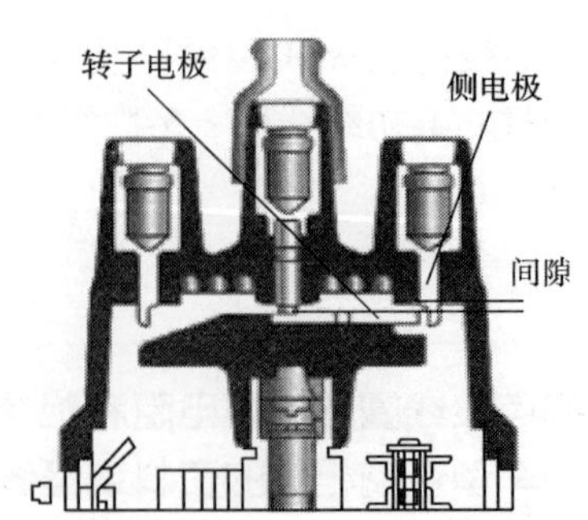

图 6-7　侧电极和转子电极之间的间隙

侧电极和转子电极之间的间隙使侧电极和转子电极之间形成电火花，因此侧电极可能会放电氧化。

小提示

发现侧电极被氧化时，不能用砂纸打磨电极表面，这会减少侧电极的尺寸，增大间隙，使产生电弧困难，甚至可能产生无线电干扰。

检查分电器总成表面是否清洁，分电器盖(图6-8)、分火头(图6-9)是否有裂纹，高压线插孔是否有腐蚀等，将结果分别填写于表6-4、表6-5内。

图6-8　分电器盖

图6-9　分火头

分电器盖检查　　表6-4

项　目	是	否	结　论
是否有裂纹			
高压线插口是否腐蚀			

分火头检查　　表6-5

项　目	是	否	结　论
是否有裂纹			
金属片是否腐蚀			

小提示

如果分电器盖上有灰尘或湿气，则在盖的表面可能产生跳火，使电极间短路，因此必须用干净的布擦试盖上的灰尘和湿气，保持分电器盖的干燥和清洁。

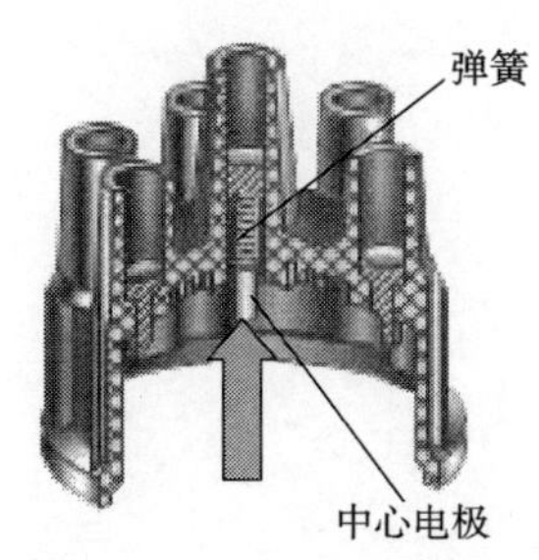

图6-10　检测中心电极和弹簧

检查中心电极的碳棒及弹簧，用手轻压中心电极，如图6-10所示。松开时，电极应能弹回原位。中心电极的碳棒及弹簧如果损坏，应更换分电器盖。

2)断电器

断电器的作用是周期性的通断点火线圈初级回路。一触点为固定触点，另一触点为活动触点；断电器凸轮的凸角数和发动机汽缸数相同(图6-11)。

图6-12、图6-13中的凸轮转动一周，断电器触点闭合和断开多少次？适合几个汽缸的发动机？如果是6缸发动机，凸轮转动一周，断电器触点闭合和断开多少次？

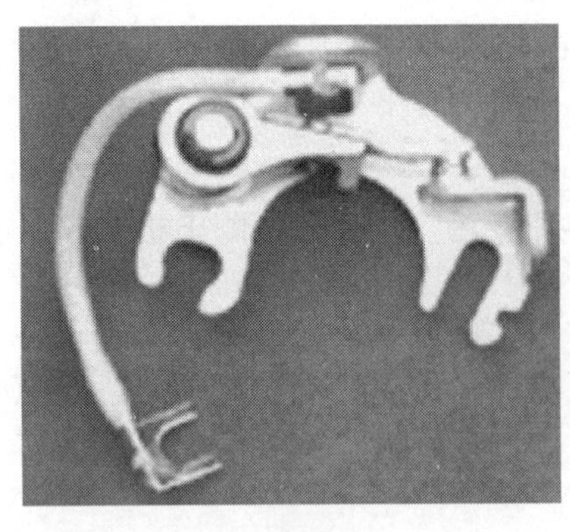

a)

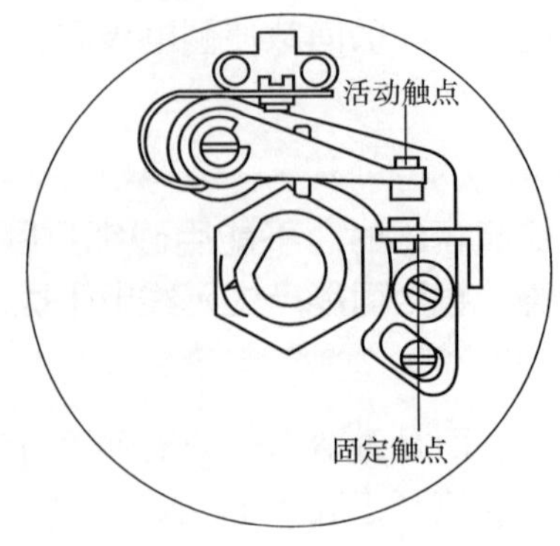

b)

图 6-11　断电器

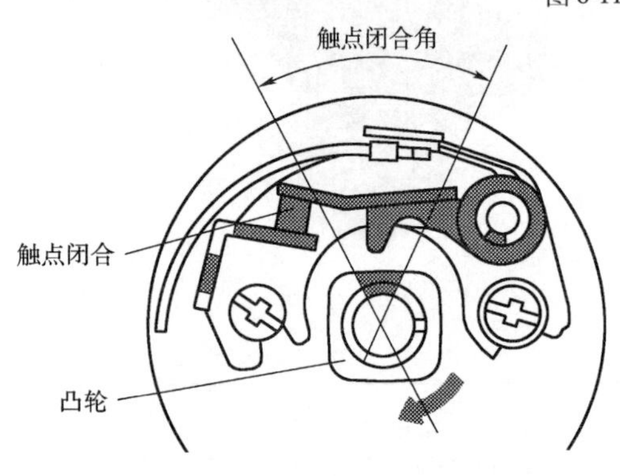

图 6-12　触点闭合角

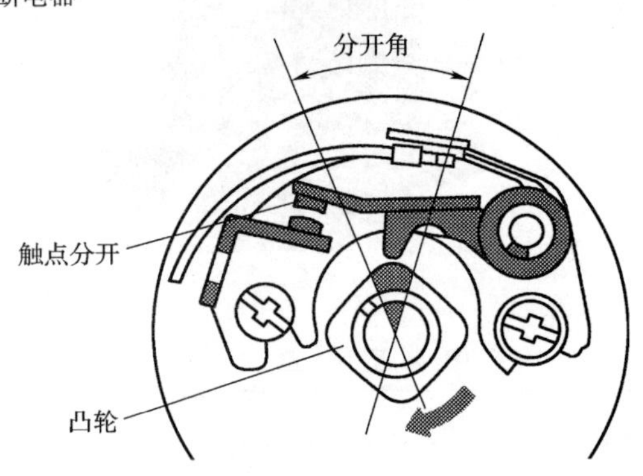

图 6-13　触点分开角

小词典

触点闭合角是指断电器触点由闭合至分开这段时间内，分电器轴(凸轮)所转过的角度。
触点分开角是指断电器触点由分开至闭合这段时间内，分电器轴(凸轮)所转过的角度。
触点间隙是指断电器的固定触点和动触点分开时的最大间隙(图 6-14)。

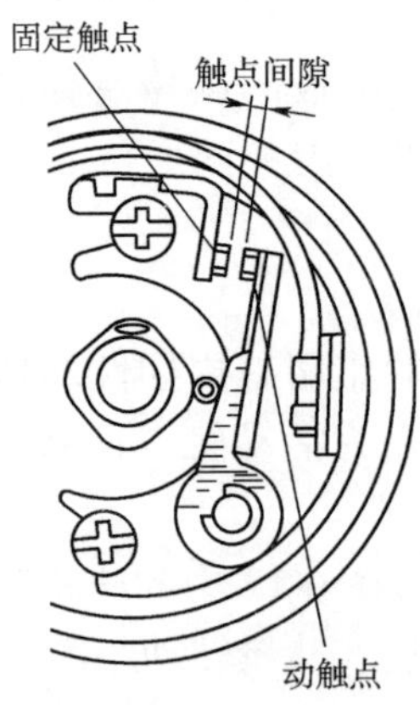

图 6-14　触点间隙

断电器的触点间隙必须保持在合适的范围，请按照图 6-15 所示，使用塞尺检测触点间隙，检测值见表 6-6。

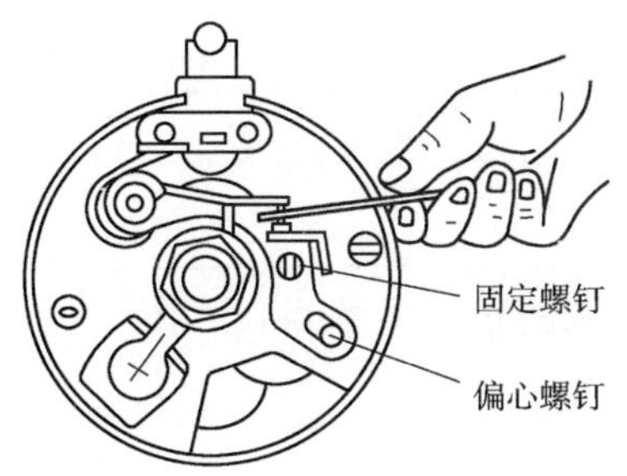

图6-15　触点间隙的测量与调整

触点间隙检查　　表6-6

项　目	标准值	测量值	结　论
触点间隙			

小提示

不同车型的触点间隙的标准值可能会有所不同，具体的数值需要根据实际检测的车型查阅相关的资料或维修手册。当检测值不符合要求时，请按相关说明予以调整。

触点间隙的大小对点火性能有什么影响？请你按图6-16所示回答下述问题。

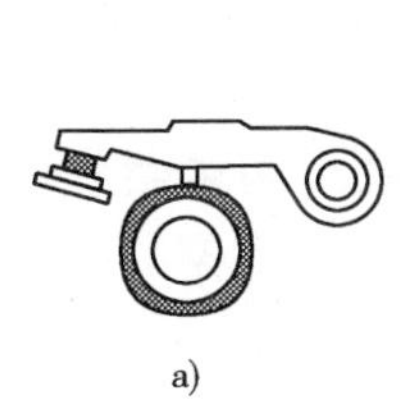
a)

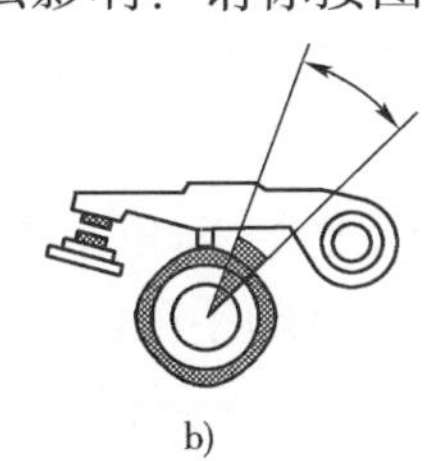
b)

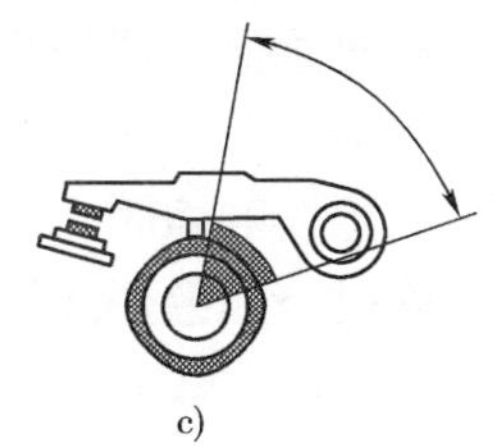
c)

图6-16　触点间隙的大小对点火性能的影响

a)触点闭合；b)触点断开(触点间隙宽)；c)触点断开(触点间隙小)

初级电路的通电时间由(　　)决定。(请从下列选项中选择正确答案)

A. 触点接通的瞬间　　B. 触点闭合角　　C. 触点断开的瞬间　　D. 触点分开角

触点间隙越________(小/大)，触点闭合的时间就越短(触点分开的早，闭合的迟)，闭合角越小；触点间隙越________(小/大)，触点闭合时间就越长(触点分开的迟，闭合的早)，闭合角越大。

如果触点闭合角太小，则电流流过初级线圈的时间就________(长/短)，在发动机处于高转速时，由于次级线圈中的感应电压下降，发动机可能缺火。

如果触点闭合角太大，则电流流过初级线圈的时间就________(长/短)，当发动机转速低时，初级线圈总是处于通大电流的状态，使线圈过热，且触点分开时容易产生电弧，不能在次级产生高压。

断电器的触点被凸轮的凸起部分分开后，必须依靠触点臂的弹簧力恢复闭合，如果弹簧张力不符合要求，也会使断电器工作不正常。请按照图6-17所示，检测触点臂的弹簧张力(检测值见表6-7)，若不符合要求则应更换。

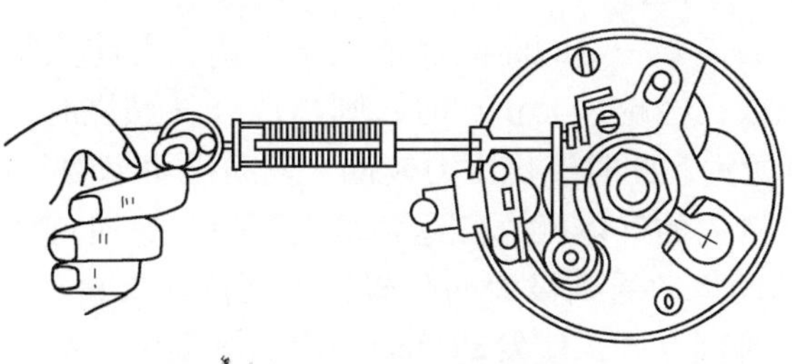

图6-17　检查触点臂弹簧张力

触点臂弹簧张力测量值　　表 6-7

项　目	标 准 值	测 量 值	结　论
触点臂弹簧张力	4.9 ~ 6.9N		

为了保证初级电路的良好接触，断电器的触点必须要有足够的接触面积，见图 6-18，图中(　　)所示的触点接触是正确的。(请从图 6-18 的选项中选择正确答案)

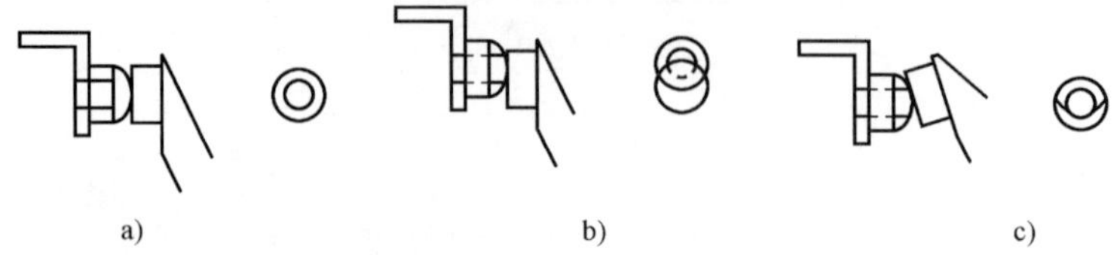

图 6-18　断电器触点间的接触

a) 接触面平整；b) 接触面偏心；c) 接触面不平整

小提示

断电器触点接触面很容易被初级线圈的电火花烧蚀，形成氧化层，如果氧化现象不严重，可通过研磨触点消除。

检测、修复、更换触点时，要避免触点接触到机油、黄油等物质，因触点分开时产生跳火，机油、黄油等燃烧后会形成氧化层，导致接触不良。

图 6-19　电容器

3) 电容器

电容器与断电器触点(串联/并联)，装在分电器的壳体上，电容器外壳固定在分电器外壳上搭铁(图 6-19)。

电容器的作用是：当触点打开时可减少触点间的火花，防止触点烧蚀，同时由于电容器能吸收触点打开时的电能，使初级电流迅速切断，提高了磁场变化的速率，从而提高次级电压。

4) 点火时刻调节装置

什么是点火正时，它对发动机的工作性能有什么影响？

请你按图 6-20 所示正确回答问题。

可燃混合气被电火花点燃后需要一定的时间才能完全燃烧，并将火焰扩散到整个燃烧室。如果点火是发生在活塞恰好到上止点或已经越过上止点时，则当混合气燃烧时，活塞已经开始下行而使汽缸容积(减少/增加)，如 6-20c) 所示，此时燃烧压力较低，发动机功率(减少/增加)；如果点火过早，则活塞还处于上行过程中时，汽缸内的气体压力已达到很大数值，这时气体压力的方向与活塞运动的方向相反，如 6-20a) 所示，活塞的运动受到极大的阻碍，发动机功率也(减少/增加)。因此要求在活塞压缩尚未到达上止点前的某一时刻点火，使发动机的功率达到最大，排气污染最小，这个时间上的配合就是点火正时。

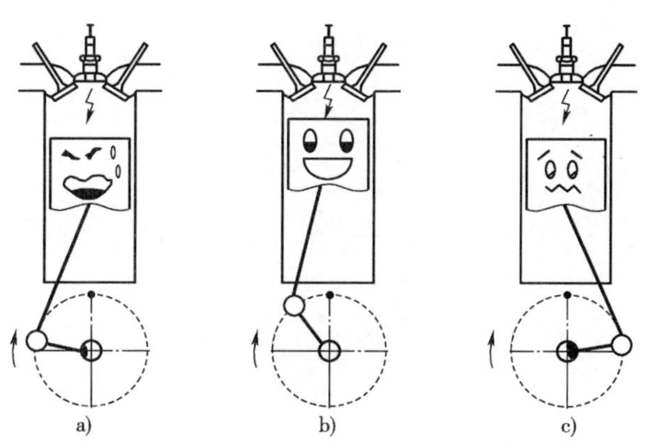

图6-20　点火时刻对发动机性能的影响
a)点火过早；b)点火正时；c)点火过迟

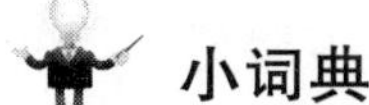

小词典

点火提前角是指从某缸火花塞跳火到该缸活塞到达压缩行程上止点的过程中曲轴转过的角度，如图6-21所示。

最佳点火提前角是指使发动机输出功率达到最大、排放合理的点火提前角。

发动机的转速和负荷的变化，会怎样影响最佳点火提前角的变化？

可燃混合气只要浓度没有发生改变，则不论发动机的转速如何变化，可燃混合气的火焰扩散时间是几乎不变的。但是随着发动机的转速的变化，在几乎相同的时间内曲轴转过的角度却是差别明显，若发动机转速升高时，在混合气燃烧扩散的这段时间里，曲轴转过的角度较转速升高前要__________，所以最佳点火提前角应该___________；反之，发动机转速降低时，最佳点火提前角应___________。传统点火系采用离心式点火提前装置改变点火提前角以适应发动机转速的变化，其结构和工作过程分别如图6-22、图6-23所示。（请从下列选项中选择正确答案）

A. 增加　　B. 减少　　C. 提前　　D. 延后

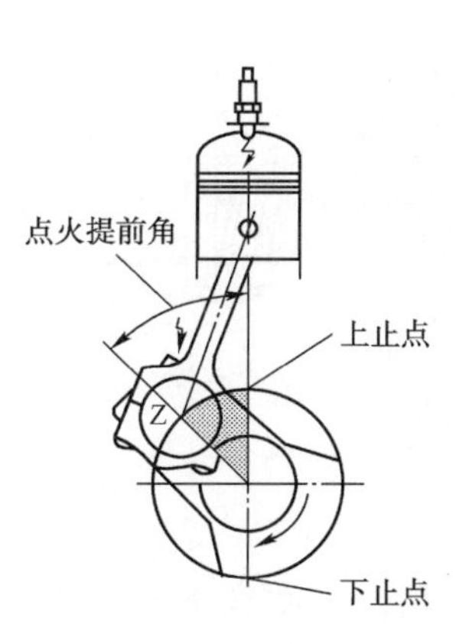

图6-21　点火提前角

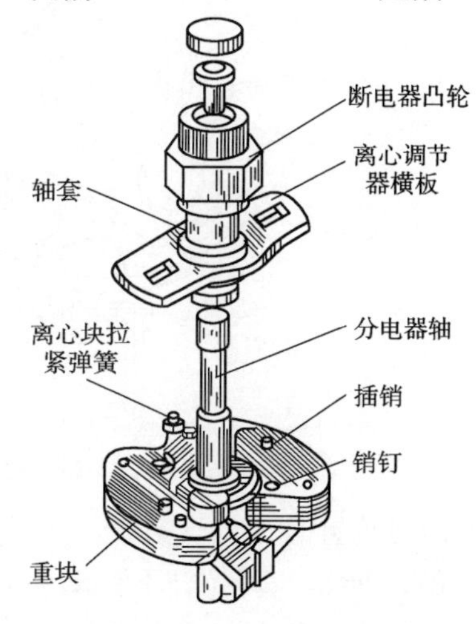

图6-22　离心点火提前装置结构

检查离心点火提前装置时，固定分电器轴，逆时针转动分火头后松开，分火头应迅速转回，如图6-24所示，否则说明离心点火调节装置工作不正常，应予以更换。

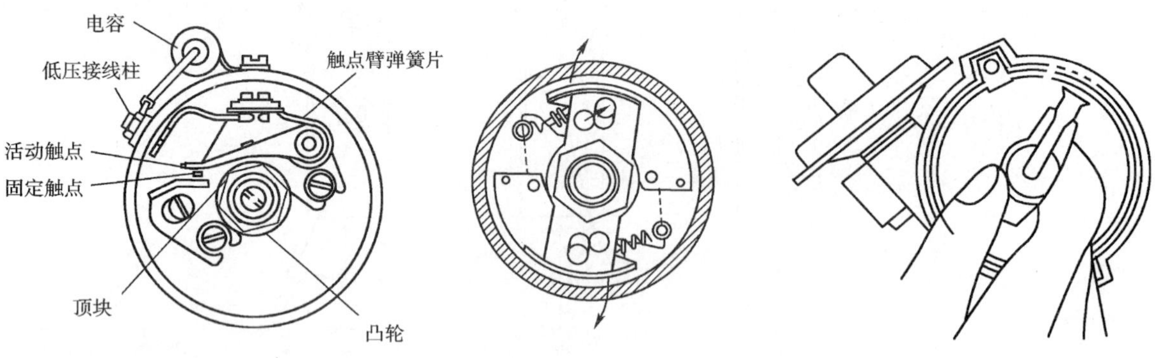

图 6-23　离心点火提前装置工作过程示意图　　图 6-24　检查离心点火提前装置

发动机的负荷变化时，相应地也会引起最佳点火提前角的变化。当发动机负荷小时，节气门开度较小，进气歧管内的真空度较大，吸进汽缸的混合气较少，使得点火后的火焰扩散速度降低，整个燃烧过程的时间，所以点火提前角应该________；当发动机负荷增大时，进气歧管内的真空度减弱，吸进汽缸的混合气较多，使得点火后的火焰扩散速度提高，整个燃烧过程的时间________，所以点火提前角应该________。(请从下列选项中选择正确答案)

A. 增加　　B. 减少　　C. 提前　　D. 延后

传统点火系采用真空点火提前装置改变点火提前角以适应发动机负荷的变化，其结构和工作过程分别如图 6-25、图 6-26 所示。

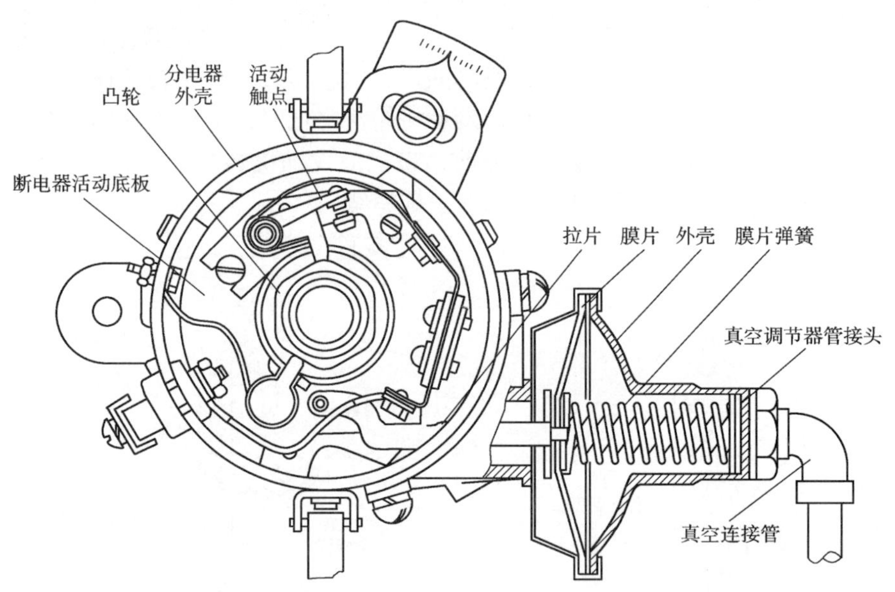

图 6-25　真空点火提前装置结构

检查真空点火提前装置时，将真空泵与膜片式真空接入口相连，用真空泵检查真空点火提前装置的移动情况，如图 6-27 所示，若拉杆不移动说明真空点火调节装置工作不正常，应予以更换。

除了离心点火提前装置和真空点火提前装置外，在分电器下部的壳体上，装有辛烷值选择器，可根据使用燃油的辛烷值不同，通过人为转动分电器的壳体来带动触点，使触点与凸轮作相对移动，改变起始点火提前角。

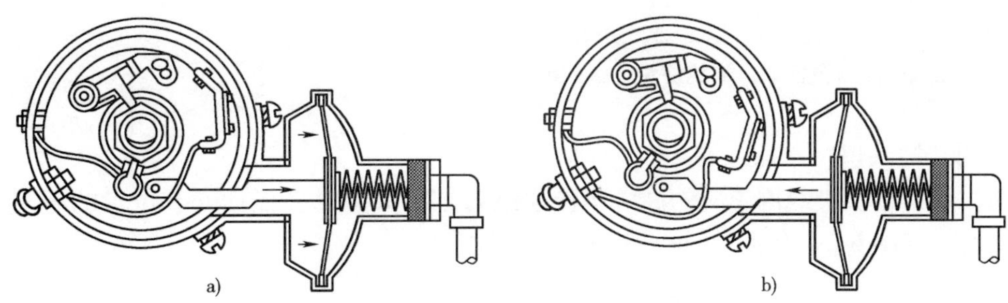

图 6-26　真空点火提前装置工作过程示意图

a)点火提前；b)火点迟后

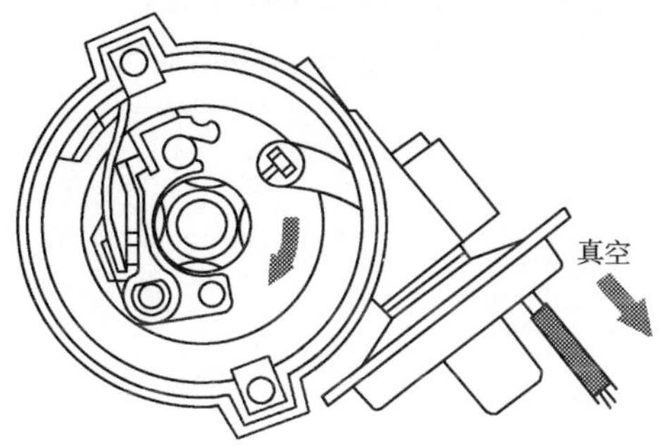

图 6-27　检查真空点火提前装置

5)填写分电器总成结构图

图 6-28 为分电器总成结构图，根据你对分电器的了解选择正确的名称序号填入途中空格处。

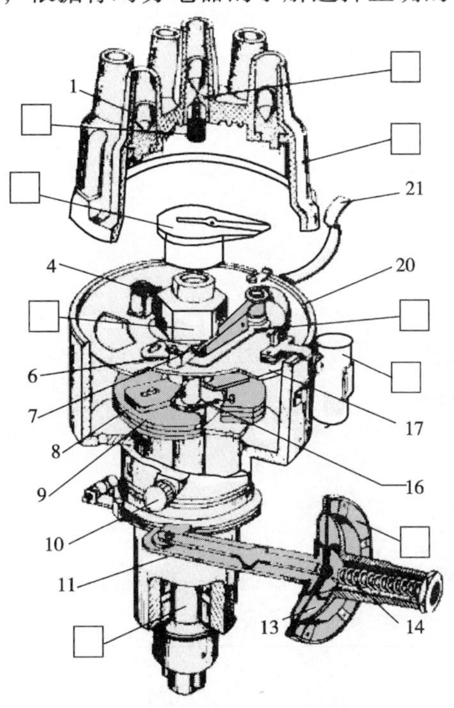

图 6-28　分电器总成的结构

1-分高压线插孔；2-中心电极；3-分火头；4-油毡和油毡夹；5-分电器凸轮；6-固定触点支架；7-固定触点；8-离心调节器横板；9-离心调节器重块；10-油杯；11-真空调节器拉杆；12-分电器轴；13-膜片；14-真空调节器膜片弹簧；15-真空调节器壳体；16-重块弹簧；17-断电器固定底板；18-电容器；19-活动触点臂；20-分电器壳；21-分电器盖弹簧夹；22-分电器盖；23-中央接线插孔

＊5. 在高压线检测与更换时，你应注意什么问题？

1)高压线的结构认识

高压线的作用是将次级线圈感应的高电压传递给各缸的火花塞。根据安装位置的不同分为高压总线和分缸高压线，如图 6-29 所示。

小提示

拆卸高压分线时，不要抓住电线猛拉，应该抓住高压分线末端的防尘套扭转着卸下高压线，否则可能将高压线拉断，导致点火电压过高，如图 6-30 所示。

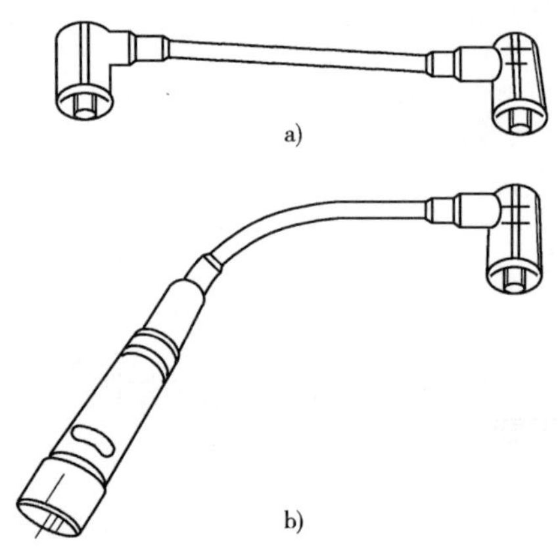

图 6-29　高压线的分类
a)高压总线；b)分缸高压线

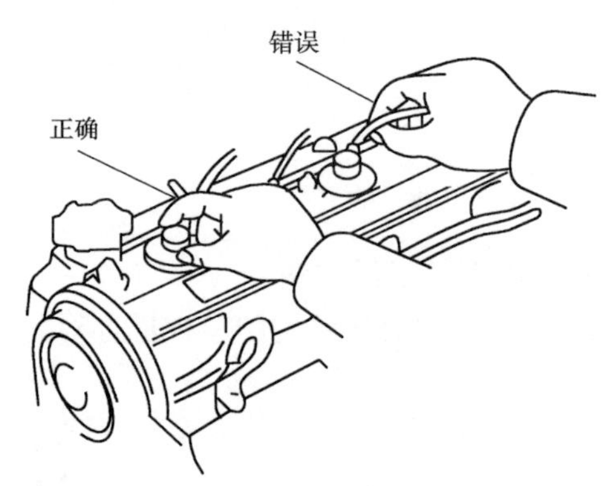

图 6-30　拆卸高压线

小提示

从发动机上拆下高压分线时，应做好各缸的记号，以免混乱、装错。可以通过分缸高压线的长度来辨别它属于哪一缸。

2)高压线检测与更换

(1)高压线的外观检查。

检查高压线有无断裂、脆化或磨损，若有则更换，把检查结果填在表 6-8 中。

高压线外观检查　　表 6-8

项　　目	是	否	结　　论
是否有断裂			
是否有脆化或磨损			

(2)检查高压线的电阻(图6-31)。

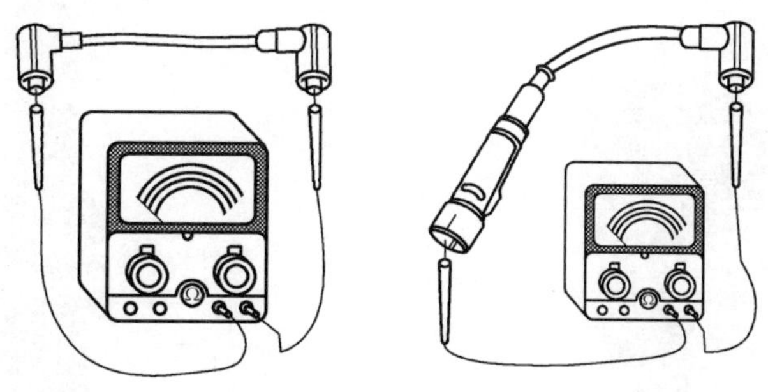

图6-31　测量高压线的电阻

高压线的电阻测量数据见表6-9。

高压线电阻测量值　　表6-9

项　目	标准值	测量值	结　论
高压总线			
分缸高压线			

小提示

根据发动机汽缸数目的不同，分缸高压线的数目也不同，所有的分缸高压线都必须测量。高压总线、分缸高压线的标准值请相关的资料或维修手册。

***6. 火花塞由哪些元件组成？在火花塞检测与更换时，你应注意什么问题？**

1)火花塞的作用与安装位置

凡是汽油发动机上都有火花塞，一缸一个，个别的高速汽油发动机每缸还装有2个火花塞。火花塞虽然只是一只小零件，但它却极其重要，没有它发动机会动弹不得。火花塞的作用是把点火线圈产生的高压电(10kV以上)引入发动机汽缸，在火花塞电极的间隙之间产生火花点燃混合气。图6-32为火花塞在发动机上的安装位置。

从火花塞的安装位置我们可以知道火花塞的工作环境非常恶劣，其在发动机工作时要承受高温、高压和混合气的化学腐蚀。

2)火花塞的结构认识

(1)图6-33为火花塞的实物图，请你查阅相关资料把部件名称的序号填入图中的空格处。

从外观来看，可将火花塞大致分为5个部分，最上面的部分叫做“终端螺母”，也叫接线螺母，它与缸线相连，作用是完成缸线的对接。下面的陶瓷部分绝缘、耐热、导热，这些都是陶瓷材质的特性，在陶瓷表面有几道沟状的波纹，它可防止飞弧的产生。与陶瓷部分紧挨的便是主体金属，上面的六角形(有尺寸之分)方便了火花塞的拆装。螺纹不过是用于与汽缸盖相紧固的部分，螺纹直径和螺纹长度也因发动机而分门别类。最末端是火花塞的电极，有中心电极和外侧电极之分。

图 6-32　火花塞的安装位置

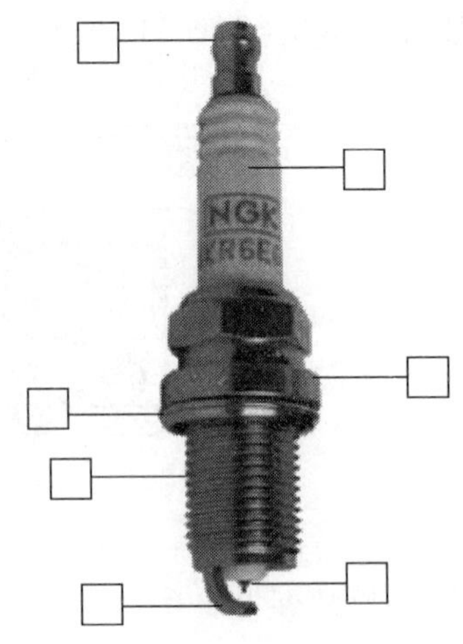

图 6-33　火花塞实物图

1-中心电极；2-绝缘体；3-接线螺母；4-密封垫圈；5-侧电极；6-金属主体；7-紧固螺纹

小提示

防止飞弧：在终端螺母和主体金属之间产生的打火现象，因为在点火时终端螺母和主体金属之间产生连续不断的高压电，高压电会试图沿绝缘体表面溜走，为了拦住高压电，所以设置了层层沟壑。

(2)外观检查也是火花塞检测的其中一项，我们可以观察火花塞的绝缘体、电极有无积炭，火花塞螺纹、垫圈、绝缘体有无损坏等(图 6-34)，观察你所看到的火花塞，把检查结果填入表 6-10 中。

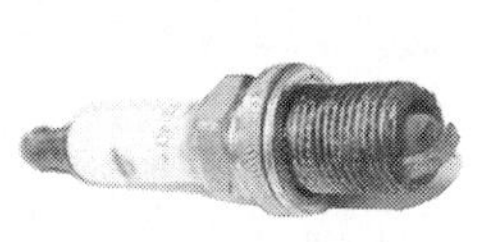

a)

b)

c)

图 6-34　火花塞的外观判断

火花塞外观检查　　表 6-10

项　　目	是	否	结　　论
绝缘体是否损坏			
螺纹是否损坏			
垫圈是否损坏			
中心电极、绝缘体是否有积炭			

(3)在火花塞绝缘陶瓷上面我们还可以看到有一串由字母与数字组成的编号，不同类型的火花塞都有不同的编号，从这个编号我们基本上可以读取关于这个火花塞的所有信息，每个不同类型的火花

塞都有各自的编码表，我们以表 6-11 为例进行介绍。

NGK 火花塞编号读取表　　　　表 6-11

B	P	R	5	E	S	-11
（螺纹直径） A—18mm B—14mm C—10mm D—12mm E—8mm BC—14mm BK—14mm DC—12mm	P…绝缘体突出型 M…小型火花塞 （CMR6H：座面高度比 CR6HS 要短） U…沿面、半沿面及辅助型火花塞 （BUHW、BU-R6ET 等）	R…电阻 Z…卷线型电阻	（热价） 2 易热型 4 5 6 7 8 9 10 冷却型	（螺纹长度） E—19.0mm H—12.7mm L—112. mm EH—19.0mm 半螺纹 M…轻量型 BM—9.5mm BPM-A—9.5mm F…圆锥型 A-F—10.9mm B-F—11.2mm B-EF—17.5mm BM-F—7.8mm	B…整体端子（CR8EB） CM：座面高 CS：斜方外侧电级 D…大发车专用（BCPR6ED） G、GV：塞车用火花塞 IX…铱合金 IX 火花塞 IX-P：铑合金 MAX 火花塞 J…两极突出型（大发车专用） K…外侧两级 LPG：LPG 专用 N…外侧电极粗型 P：白金火花塞 Q…外侧四极 （BKR6EQUP：BMW） （BKR5EQUPA：日产） （BUR9EQP：马自达） QP：外侧四极、中轴为白金 S…标准型 T…外侧三极 U…半沿面火花塞 VX…VX 火花塞 Y…V 字型切口中心电极 YA…污损对应（BR9EYA）	（火花间隙） 没有：标准 —9：0.9mm —10：1.0mm —11：1.1mm —13：1.3mm —14：1.4mm —15：1.5mm —L：中间热值
BK…是按照国际规格（ISO）尺寸制造的产品，从火花塞密封垫圈到终端螺母的长度比日本规格（JIS）的 BCP 型短 2.5mm						

从上图可知，编号为“BPR5ES11”的 NGK 火花塞各种信息都一目了然，这也是我们正确选用火花塞的最准确依据。

（4）由火花塞的编号上，我们看到有一项为热值，根据火花塞热值的不同，将火花塞分为冷塞、标准塞、热塞，如图 6-35 所示。不同的发动机指定选用不同热值的火花塞。火花塞的热值主要受火花塞绝缘体裙部（紫铜垫圈以下的绝缘体部分）工作温度的影响。

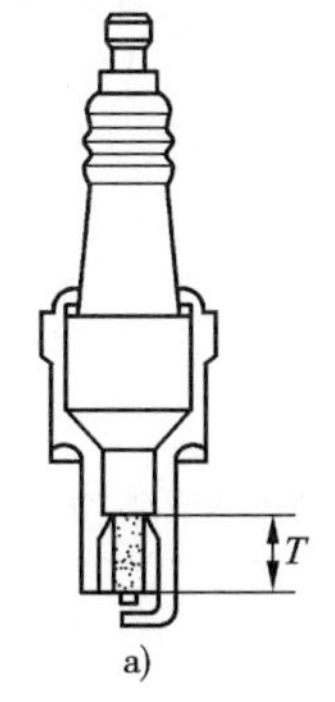

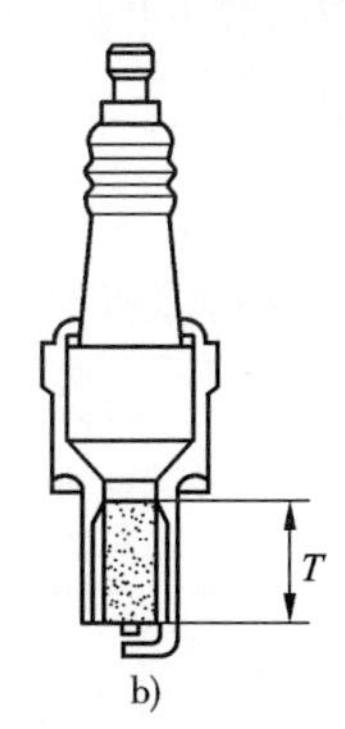

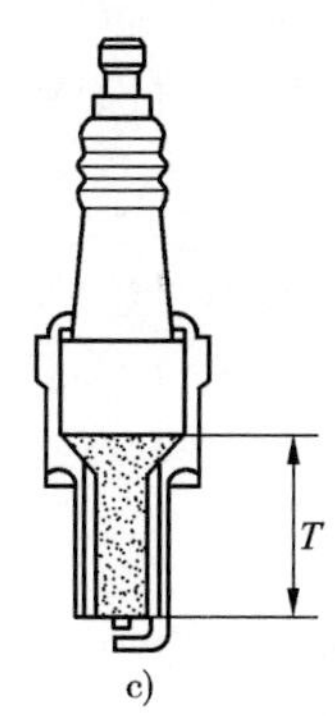

图 6-35　不同热值的火花塞

a）冷塞；b）标准塞；c）热塞

小词典

火花塞的热值是指火花塞的热特性，即火花塞将燃烧产生的热量从点火端传给发动机汽缸盖的速度快慢程度。

将用于紧固的螺纹部分拆除后(图 6-36)，我们可以清楚地看出易热型火花塞和冷却型火花塞最显著的区别，并将判断结果填入图中空格处。

火花塞裙部越短，则传递燃烧热的速度越快；反之，火花塞裙部越长，传递燃烧热的速度越慢。冷塞的裙部比热塞短，所以冷塞传热比热塞传热快。火花塞绝缘体裙部的长度与热传递之间的关系如图 6-37 所示。

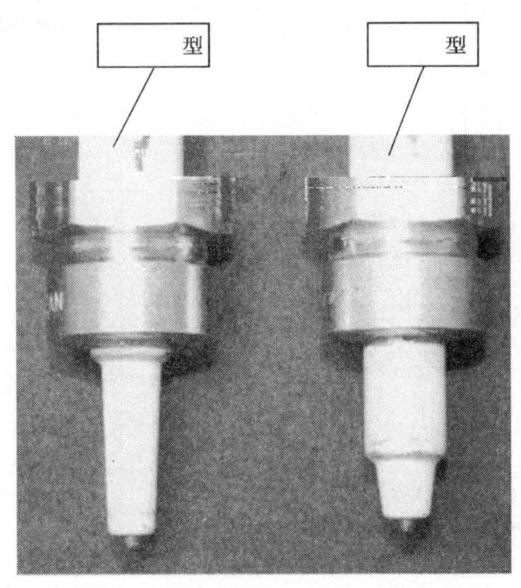

图 6-36　冷型和热型火花塞的区别

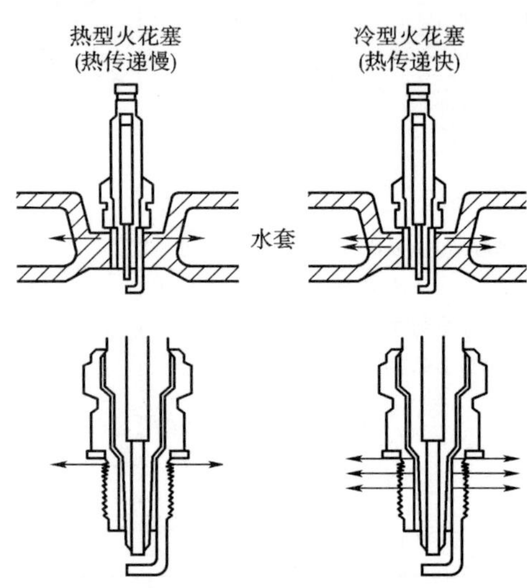

图 6-37　火花塞绝缘体裙部与热传递之间的关系

(5)基本上火花塞编号最后面的数字代表的是火花塞的跳火间隙。

小提示

跳火间隙指的是中心电极与侧电极之间的间隙，火花塞的间隙因车型不同而有差别，其标准值应从与车型配套的维修手册中查阅。

如果检测火花塞的间隙不符合标准，可以对间隙进行调整。按图 6-38 所示使用火花塞间隙调整规进行调整，测量值见表 6-12。

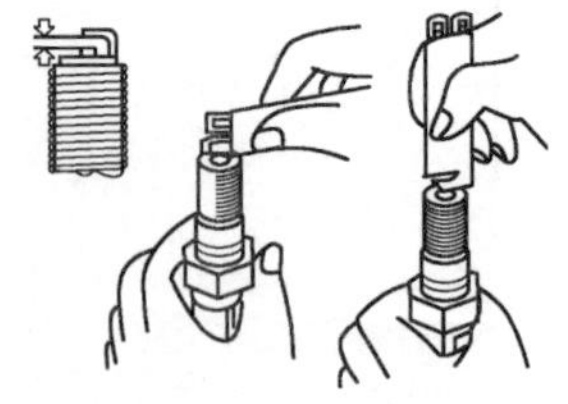

图 6-38　火花塞间隙的检查与调整

火花塞间隙检查　　表 6-12

项　目	标 准 值	测 量 值	结　论
火花塞间隙			

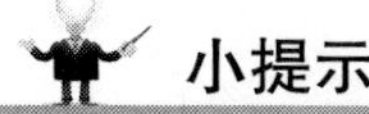

小提示

调整间隙时，只能弯动侧电极，不能弯动中心电极，以免损坏绝缘体。注意，某些火花塞的间隙不能调整。

间隙调整好以后，侧电极与中心电极应略成直角，若过度弯曲或电极烧蚀成圆形，则火花塞不能再使用，应予以更换。

(6)火花塞内部结构(图6-39)。

在火花塞的内部还会被刻意加装3～5kΩ的电阻，那在火花塞中加电阻是为什么呢？火花塞内藏的是个陶瓷的电阻体，它可有效地降低点火时出现的电波杂音，这些杂音若不进行处理则很容易对车内的收音机或者手机设备形成干扰。

为了让火花塞在发动机高速和低速运行时都能有很强的适应能力，在火花塞内部的中心还嵌有铜芯，它对于散热方面有着很大的贡献。

3)火花塞跳火试验(图6-40)

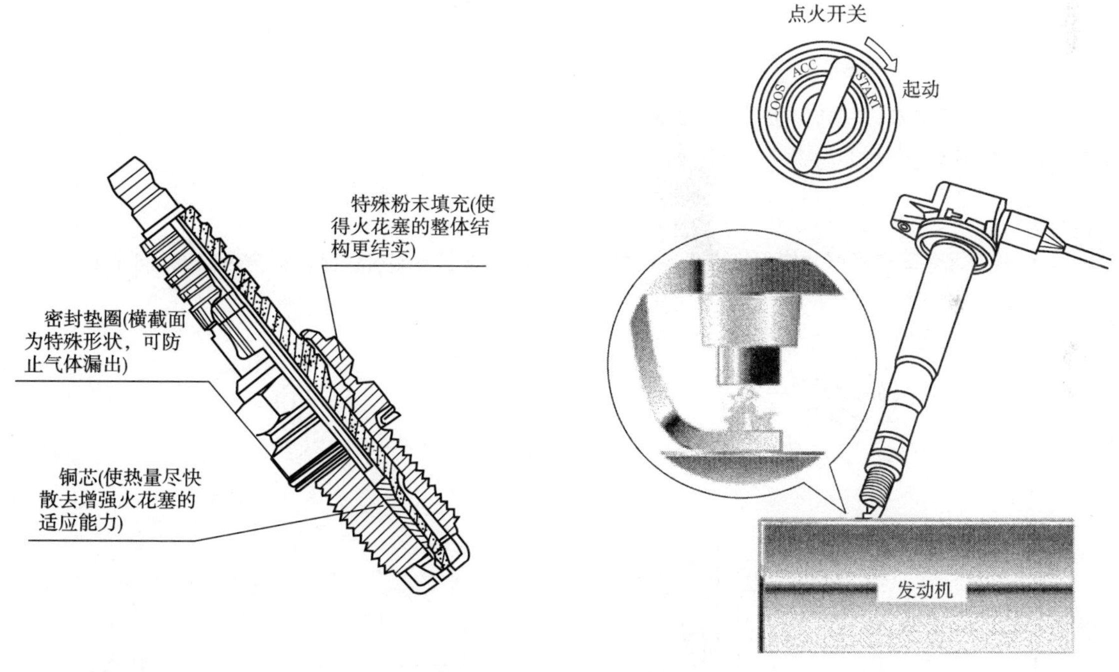

图6-39　火花塞内部结构　　图6-40　火花塞跳火试验

将火花塞放置在缸体上，用从点火线圈出来的中央高压线连接到火花塞的接线柱上(注意不能有间隙)，打开点火开关，转动曲轴。如果火花塞能够跳火，火花强烈短促，呈蓝白色，则说明火花塞工作正常，否则说明火花塞损坏必须更换。

小提示

安装火花塞时，先用专用工具拧上几圈，再用火花塞套筒按规定力矩拧紧。若拧入时有困难，应将火花塞取出来重试一次。绝对不要勉强拧入，以免损坏螺纹孔。

4)火花塞各部位的常见故障

根据所学知识，判断火花塞每个部位容易发生的问题，选择正确答案，并把序号填入图6-41中空格处。

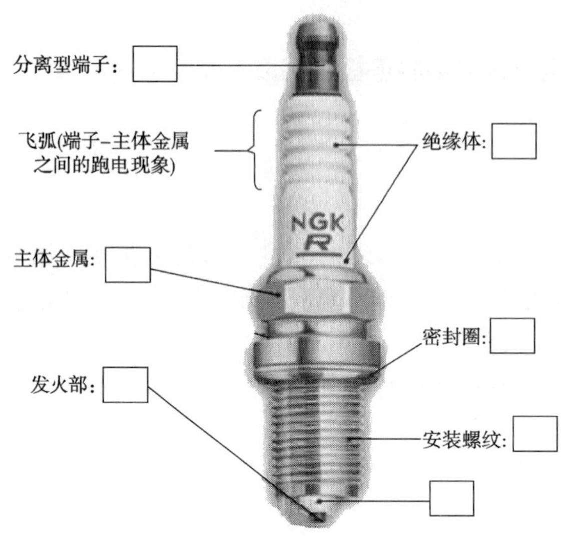

图6-41　火花塞各部位常见故障

1-头部断裂、封压部断裂；2-紧固不足、紧固过度；3-螺纹断裂；4-熏黑、积油；5-瓷器断裂、电极溶解、燃烧残渣物堆积；6-磨损、松动；7-生锈、封压部沟槽断裂

＊7. 检查各元件工作良好才能保证点火系统能正常工作，请画出连接线路，补全线路图(图6-42)。

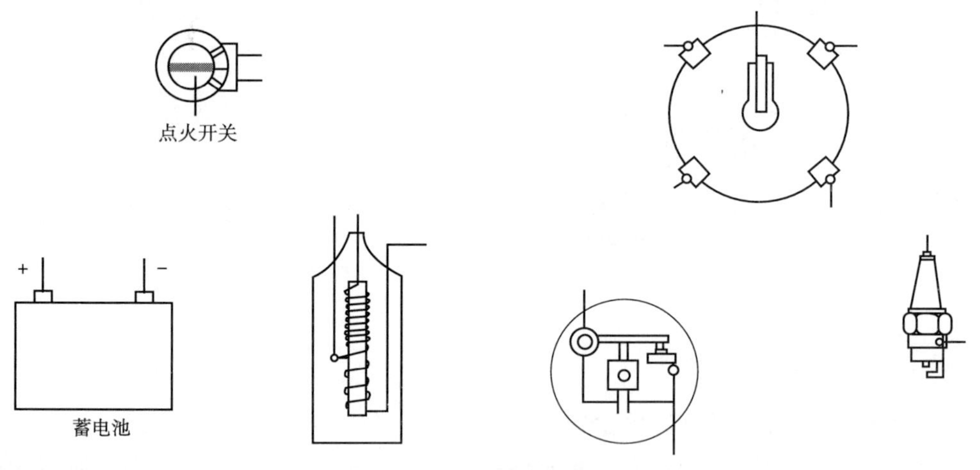

图6-42　点火系统线路图

＊8. 用不同颜色在所连接的图中标出低压电路和高压电路，并描述其工作原理。

(1)低压电路：蓄电池→____________→____________→搭铁。

(2)高压电路：____________→分缸高压线→____________→搭铁。

(3)工作原理：

***9. 各小组按照你们所画的线路图把实物连接好，尝试能否正常跳火，如果不能，请检查维修，并把故障原因和解决方法记录在表6-13中。**

故障记录表　　表6-13

序号	故障的原因	解决的方法
1		
2		
3		
4		
5		

三、评价反馈

1)学习自测题

(1)完成本工作任务后，请你参阅有关资料，分析造成传统点火系统跳火不正常的原因，并讨论以下因素是否能造成火花塞不能正常跳火。

□蓄电池电压不足。

□发动机转速过低。

□分电器触点间隙过大。

□高压线老化，电阻变大。

□分电器电容损坏。

□火花塞积炭过多。

□发电机输出电压过高。

□火花塞间隙过大。

造成传统点火系统跳火不正常的其他原因：

(2)请你参阅有关资料，分析除了点火系统故障外，还有什么因素会造成发动机点火不正常？

(3)请你参阅有关资料，回答以下问题。

①分析以下选项是否判定火花塞好坏的依据。

□花塞间隙是否符合要求。

□火花塞裙部是否有污染和积炭。

□侧电极是否损坏及中心电极是否漏电。

□火花塞绝缘体是否变黑。

□火花塞绝缘体是否开裂或破损。

□火花塞螺纹是否损坏。

□绝缘体芯与壳体之间是否松动漏气。

□火花塞密封垫圈是否漏气。

□跳火试验。

判断火花塞好坏是否还有其他依据：

②若选用的火花塞热值不对，会对发动机有什么影响？

③请根据所学知识，谈论如何正确选取火花塞？

④请根据所学知识，补全火花塞的检查流程(图6-43)。

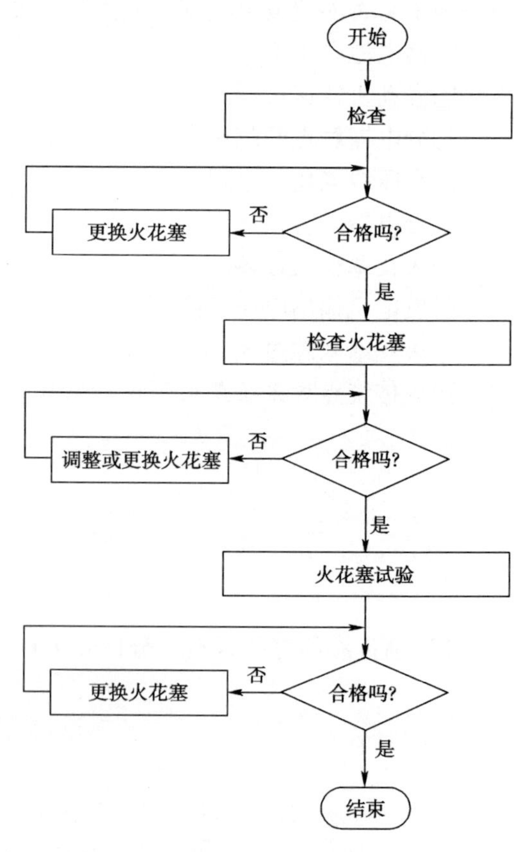

图6-43 火花塞的检查

2)学习目标达成度的自我检查(表6-14)

自我检查表　　表6-14

序号	学习目标	达成情况(在相应的选项后打"√")		
		能	不能	如果不能，是什么原因
1	叙述传统点火系统的组成和功能			
2	区分点火系统的初级电路和次级电路，描述其工作过程			
3	检测判断传统点火系统各元件是否正常工作			
4	规范进行传统点火系统故障的诊断与排除			

3)日常表现性评价(由小组长或者组内成员评价)

(1)工作页填写情况。(　　)

A. 填写完整　　B. 缺失0~20%

C. 缺失20%~40%　　D. 缺失40%以上

(2)工作着装是否规范?(　　)

A. 穿着校服(工作服)，佩戴胸卡　　B. 校服或胸卡缺失一项

C. 偶尔会既不穿校服又不戴胸卡　　D. 始终未穿校服、佩戴胸卡

(3)能否主动参与工作现场的清洁和整理工作?(　　)

A. 积极主动参与5S工作

B. 在组长的要求下能参与5S工作

C. 在组长的要求下能参与5S工作，但效果差

D. 不愿意参与5S工作

(4)在跳火实验时，有无进行安全检查并警示其他同学?(　　)

A. 有安全检查和警示　　B. 有安全检查无警示

C. 无安全检查，无警示

(5)是否达到全勤?(　　)

A. 全勤　　B. 缺勤0~20%(有请假)

C. 缺勤0~20%(旷课)　　D. 缺勤20%以上

(6)总体印象评价。(　　)

A. 非常优秀　　B. 比较优秀　　C. 有待改进　　D. 急需改进

(7)其他建议:

小组长签名:__________　______年______月______日

4)教师总体评价

(1)对该同学所在小组整体印象评价。(　　)

A. 组长负责，组内学习气氛好

B. 组长能组织组员按要求完成学习任务，个别组员不能达成学习目标

C. 组内有 30% 以上的学员不能达成学习目标

D. 组内大部分学员不能达成学习目标

（2）对该同学整体印象评价：

____

____

____。

教师签名：________________ ________年________月________日

附　　件

附件 1　　关于工作页

工作页(也称为作业单或任务单)是现代企业培训中常用的学习媒体，主要内容是专业信息和作业。

新课程的工作页是现代职业教育中学生的主要学习材料，是帮助学生实现有效学习的重要工具，其核心任务是帮助学生学会如何工作。工作页呈现源于典型工作任务的学习任务，通过体系化的引导问题，指导学生在完整的工作过程中进行理论实践一体化的学习，在培养专业能力的同时，获得工作过程知识，促进关键能力和综合素质的提高。

本套新课程教学用书的工作页由首页和正文两部分构成。

首页包括学习任务、学习目标、建议课时和内容结构，主要内容是提示学习要点，具体说明如下：

学习任务：源于生产实际的典型工作任务，具备学习价值。

学习目标：完成本学习任务后，预期学生应当能够达到的行为程度，包括所希望行为的条件、行为的结果和行为实现的技术标准。

建议课时：建议完成本学习任务的教学学时数。

内容结构：用图式化表示学习与工作内容的要点。

工作页正文由学习任务描述、学习准备、计划与实施和评价反馈四部分组成，由引导问题贯穿全文，同时还设置一些小栏目，如学习拓展、小词典和小提示等，具体说明如下：

学习任务描述：简要描述学习任务。

学习准备：明确工作任务，获取完成工作任务所需的概括性信息，包括理论知识、通用或专用工具、安全要求和注意事项等，均是为“计划与实施” 做准备。

计划与实施：学习制订工作计划、实施并进行质量控制，在行动中学习与完成任务联系紧密的工作过程知识(包括必要的学科性知识)和技能。

评价反馈：对学习过程和结果的质量进行评价和总结，包含专业能力和关键能力，讨论今后完成类似工作任务时的注意事项与改善意见。

引导问题：提出学习问题，引导学生有目标地在学习资源中查找到所需的专业知识，思考并解决专业问题。

学习拓展：针对学习内容进一步学习与工作相关的内容。

小词典：简要解释专业名词或技术术语。

小提示：针对工作安全与质量问题的提示，包括学生在工作过程中应注意的操作规范、维修技巧、注意事项，以及需要提醒客户的要点和注意事项等。

编　者

2013 年 8 月

附件 2　　致　教　师

各位老师：你们好！

感谢您选择《中等职业学校汽车运用与维修专业新课程教学用书》工作页系列教材。这是一套强调学生学习的主动性和有效性的新教材，它的特点是在学习与工作一体化的情境下，引领学生完成一个职业的典型工作任务，经历完整的学习与工作过程，在培养专业能力的同时，促进关键能力和提高综合素质，从而发展学生的综合职业能力。

为对您的教学有所帮助，关于本书，我们有以下建议：

教师作用与有效教学

新课程的实施有以下要求：在教学组织与实施方面，需要您去组建教学团队，构建和改善教学环境，以实现工作过程系统化的教学；在指导学生的学习时，请您尽量改善学生的学习环境，为学生提供更多的学习资源，充分调动学生学习的主动性，让学生在小组合作与交流的氛围中，尽可能通过亲身实践来学习，并加强学习过程的质量控制，使学习更为有效。

学习目标与学业评价

学习目标反映学生完成学习任务后预期达到的能力水平，含专业能力与关键能力，既有针对本学习任务的过程和结果的质量要求，也有对今后完成类似工作任务的要求。每个学习目标都要落实到具体的学习活动中，对学生的学业评价要在学习过程中体现，如工作页的填写情况和过程的质量控制等。您可以通过学生的自评、小组同学的互评及您的检查与评价来实现学生的学业评价。

学习内容与活动设计

新课程学习内容是一体化的学习任务。在教学时，要建立任务完成与知识学习之间的内在联系，将完成工作任务的整个过程分解为一系列可以让学生独立学习和工作的相对完整的教学活动，这些活动可依据实际教学情况来设计。在实施时，要充分相信学生并发挥学生的作用，与他们共同进行活动过程的质量控制。

教学方法与组织形式

新课程倡导行动导向的教学，通过学习引导问题，促使学生进行主动的思考和学习。请您根据学习任务所需的工作要求，组建学生学习小组。学生在合作中共同学习完成工作任务。分组时请注意兼顾学生的学习能力、性格和态度等个体差异，以自愿为原则。

学习资源与教学环境

新课程为学生提供了主要的学习材料——工作页。此外，还建议准备适量其他公开出版的汽车运用与维修专业教材、常见典型车型的维修手册、企业通用的培训教材、汽车的使用说明书及多媒体课件和互联网络等学习资源。

建议配备理论实践一体化的学习工作站、整车维修车间、设备保管室(包括全套工具、试验设备和仪器仪表)等教学环境。建议您加强对教学环境的管理，如工作规程的要求，工作安全与健康保护相应的预防措施，经济地使用各种工作材料，合理处置废弃物和养成环保意识等。

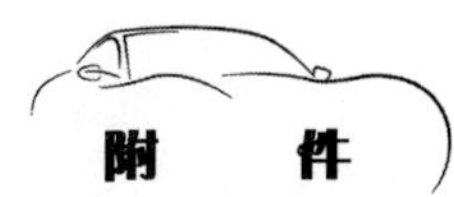

可能的问题与教学建议

新课程的目标是促进学生的综合职业能力发展，它所设计的学习任务是针对某一职业的典型工作任务的综合性任务，与企业生产中经常出现的实际工作任务，特别是那些重复性的任务并不完全吻合。在企业实践学习的环节中，可以适度加强这一方面的训练，特别是企业常见的基础性任务。

新课程强调培养学生自主学习的能力。随着学习的深入，工作页提供的学习资料将逐步减少，而让学生主动学习与实践的机会逐步增多，学习拓展的范围也会适当增大。您需引导学生适应这种要求的变化，并控制可能出现的学习效果两极分化的现象。

新课程的学习方式是针对理想状态设计的，它强调学生的自主学习。考虑到学校实际、教师和学生的具体情况，如果学生开始不太适应，建议您灵活应用渐进式的过渡方法来解决。

选择学习车型时，新课程比较强调新的技术。您可以根据当地的常见车型与学校的实际条件做适当调整，并通过企业实践学习的环节来做适当的补充，从而加强教学的针对性。

教学组织实施时，新课程的教学单元需要相对完整的连续教学时间（如 4 课时），特别是整车实训时学生需在规定时间内的分组学习。希望您能适应由此带来的高教学强度。由于采取分组学习的形式，课堂教学管理的难度会增大，请您与学校的教学管理部门做好及时沟通。另外，还请您备有驾驶证，以便处理应急情况。

职业院校的核心任务是让学生学会工作，这要通过您的努力来实现，创新性的建构教学是我们对您的期待。同时，也希望您能够将教学感受反馈给我们，以便能更好地为您服务。

预祝您的教学更为有效！

编　者

2013 年 8 月

参 考 文 献

[1] 周建平. 汽车电气设备构造与维修[M]. 北京:人民交通出版社, 2002.
[2] 鲁植雄. 汽车电气设备故障诊断图解[M]. 南京:江苏科学技术出版社, 2003.
[3] 德国 BOSCH 公司. 汽车电气与电子[M]. 魏春源, 译. 北京:北京理工大学出版社, 2004.
[4] 巫兴宏. 汽车电气设备与维修[M]. 北京:高等教育出版社, 2005.
[5] 杰克・艾若扎维克(Jack Erjavec). 汽车电系仪表及其诊断维修[M]. 北京:电子工业出版社, 2007.
[6] 出射忠明. 汽车构造双色图解[M]. 赵波, 译. 北京:人民交通出版社, 2005.
[7] 倪连升. 汽车发动机简明教学图解[M]. 北京:电子工业出版社, 2005.
[8] 胡光辉. 汽车电器设备构造与检修[M]. 北京:机械工业出版社, 2007.
[9] 詹姆斯・D・霍尔德曼. 汽车电子与电气系统[M]. 北京:中国劳动社会保障出版社, 2006.
[10] 肖永清. 汽车蓄电池的使用与维修[M]. 北京: 中国电力出版社, 2005.
[11] 丰田公司. 汽车维修教程第二级汽车电气设备维修[M]. 北京:高等教育出版社, 2006.